I0838413

JUAN RAMÓN MOLINA

TIERRAS, MARES Y CIELOS

ERANDIQUE
LITERATURA

Prefacio de
ENRIQUE GONZÁLEZ MARTÍNEZ

Bibliografía de
RAFAEL HELIODORO VALLE

Ilustraciones de
ENRIQUE GALINDO

IMPRENTA CALDERÓN
Tegucigalpa, Honduras C.A.
Avenida Cervantes No. 77
1937

TIERRAS, MARES Y CIELOS
Juan Ramón Molina

©Editorial Erandique 2024
Supervisión Editorial: Óscar Flores López
Diseño de portada: Andrea Rodríguez-Lilyana Gálvez
Administración: Tesla Rodas y Jéssica Cordero
Levantamiento de texto: Zona Creativa
Director Ejecutivo: José Azcona Bocock

Segunda edición
Tegucigalpa, Honduras-abril de 2024

MOLINA, UN POETA "DESCONOCIDO"

Juan Ramón Molina tiene la calidad suficiente para que los hondureños nos sintamos orgullosos de él; algo así como los nicaragüenses por Rubén Darío.

Si bien es cierto que nuestro poeta no alcanzó la dimensión mundial (por distintos motivos, entre ellos, su muerte cuando apenas tenía treinta y tres años), del autor de Azul, escribió con excelencia y nos dejó versos y prosas magistrales que no tienen nada que envidiarles a los del padre del Modernismo.

Amo a Molina, y por eso lamento que siga siendo un desconocido para la mayoría de los hondureños. Hoy, la tarea es darlo a conocer, masificar su poesía, producir libros con precios accesibles a la gente, como esta edición de ***COLECCIÓN ERANDIQUE LITERATURA.***

Aunque había leído algunos poemas de él cuando yo era un adolescente, fue hasta hace unos quince años que comencé a devorar su obra con dedicación. Hoy es mi poeta favorito.

Su obstinación por la muerte, su pesimismo, su devastadora sinceridad, el fino acabado de sus versos, me atraparon.

Poemas como Una muerta, Después que muera, La fosa olvidada, Segundo aniversario, son dolorosamente conmovedores; como brillantes son El águila, Salutación a los poetas brasileiros, Metempsicosis, Los cuatro bueyes, Águilas y Cóndores, y La calavera del loco.

Por eso es que me entusiasma la iniciativa de ***COLECCIÓN ERANDIQUE LITERATURA*** de reeditar la producción literaria del llamado Príncipe de la poesía.

Comenzamos con la edición de 1937 de Tierra, Mares y Cielos, que es, sin ninguna duda, una de las mejores que se han publicado a 115 años de su fallecimiento.

Pero vendrán otras publicaciones con el objetivo de que los hondureños conozcan más al "alma gemela de Rubén Darío", como lo llamó el escritor guatemalteco y Nobel de Literatura, Miguel Ángel Asturias.

En esta edición incluimos un artículo del poeta José González que nos da luces sobre quién fue Enrique Galindo, el artista que adornó con dieciocho dibujos el tiraje de Tierra, Mares y Cielos de 1937.

He respetado las reglas de ortografía que rigieron la producción literaria de Molina.

La portada también es la misma de ese año de 1937.

No es exageración decir que los que integramos Colección Erandique (Ingeniero José Azcona, Tesla Rodas, Jéssica Cordero, Andrea Rodríguez, Lilyana Gálvez y los amigos de Zona Creativa), ponemos en manos del público una de las mejores creaciones literarias en la historia de Honduras.

Estoy seguro que, al igual que yo, lo disfrutarán.

¡Qué las mil mariposas de oro agiten sus alas y alcen el vuelo!

Óscar Flores López
Editor Colección Erandique

No conozco pormenores de su vida, e ignoro las condiciones en que escribió sus obras literarias. Un inteligente y bondadoso amigo, más enterado que yo, me habló de las campañas del poeta en periodismo, de sus aficiones a la polémica violenta, de sus odios implacables, sus correrías y sus aventuras. Algo me contó de sus arrestos belicosos, de la irregularidad de sus costumbres, de su amor a vivir en artificiales paraísos que acabaron con su existencia, apenas llegada a los umbrales de la madurez. Me habló de cierta petulancia natural en su trato, de su vanidad nunca disimulada, de sus réplicas agrias de sus frases agresivas.

Sobre la mesa tengo la única edición de sus obras, en ejemplar sin portada, sucio y roto en muchas de sus páginas. El retrato allí: erguido el busto, la cabeza con aires de reto, la frente despejada, los bigotes espesos y de alacranadas guías, una flor en el ojal de la levita, un alarde inconfundible de ostentosa elegancia personal. En todo ello, una deliberada actitud fotográfica.

Contiene el volumen unas setenta y cinco composiciones poéticas y un número menor de artículos, el más extenso de los cuales es el prefacio a la novela "Annabel Lee" del poeta Froylán Turcios. No estoy siquiera seguro de que esta sea la obra total de Molina, y abrigo la esperanza de la nueva edición que su patria le prepara, reúna prosas dispersas en revistas y diarios, así como poemas no incluidos en la edición primitiva. Alguien me afirma, sin embargo, que no será mucho ni sustancial lo que habrá añadir.

Pocos elementos a la mano; pero declaro que no me atrae la parte anecdótica de la obra de un poeta. De ella me interesa sólo la materia lírica amasada en la realidad o en el sueño, elaborada a fuerza de hurgar en el propio enigma interior, o lograda en ansias evasivas de superación. ¿A qué buscar la clave, casi siempre insegura, que ata el poema con el suceso el cotidiano? La correspondencia visible y comprobada entre la realidad y la obra, la alusión definida y concreta al hecho vulgar, es la parte más débil de toda poesía. Porque el poema no es cosa explicable, sino sensible, y cuando la anécdota se elimina, el poema, con su realización en sí mismo, se ennoblece y depura. Todas las vidas de los hombres se confunden en sus elementos esenciales; todas tienen, en proporción variable, alegría y dolor, ímpetus y desfallecimientos, esperanza y desencanto, orgullo y renunciación; pero sólo al poeta está concedido el don de transmutar esos elementos humanos en sensibilidad comunicable y bella.

Acaso lo menos valioso de la obra de Juan Ramón Molina es reflejar demasiado el momento en que fue escrita. Agonizaba la expresión secundaria y tardía del romanticismo americano, con sus énfasis oratorios, su impudor del grito gemebundo, sus improvisaciones sin rienda, su desenfreno verbal, su desmañada forma y sus temas envejecidos. Había tenido pocos momentos altos, escasa poesía verdadera, raros momentos de arte. El modernismo, con su gracia decorativa, su adopción de formas exóticas, su afán de resucitar modos antiguos torpemente olvidados, su virtuosismo musical sabiamente manejado, su arte culto y su refinada emoción, interpretó la inquietud de la hora. Descubría, más que un mundo nuevo, un mundo perdido. Y ante las miradas atónitas de los que pedían la lira a gritos, ignoraban la magia del silencio, cantaban con engolada voz tuteaban con petulancia al universo, renovó pautas estéticas y restableció el culto a la virtud de la palabra.

No es poca gloria de Molina el haber sido sensible a las solicitaciones momento. Ni se trepó a la torre de su vanidad ni tuvo el gesto misoneísta del infecundo. Sintió profundamente la renovación; se echó a andar por los caminos descubiertos; abandonó sin pena los senderos de la juventud, y modificó reciamente su retórica manida y su ideal estético. Desaparecen de sus versos el titanismo de Hugo y la imprecación de Byron. Si en algunos poemas juveniles estaba visible la influencia del primer Díaz Mirón —como en "Ojos Negros"—, o de Altamirano —como en "Río Grande", cambian después el tono y el acento. La gracia de Darío ha tocado el corazón de Molina, y a ese tono y a ese acento nuevos debe el poeta hondureño sus más bellas realizaciones.

No hay en los poemas de Molina imitación verbal, sino resonancia espiritual del nicaragüense; pero es imposible desconocer que el canto de Darío los ha fecundado. Y yo prefiero, entre los poemas de "Tierras, Mares y Cielos", los que sin dejar de personales, delatan aquella influencia espiritual. En los sonetos y la composición "A una Muerta" —de hondos temblores elegíacos— está la obra más pura y más lograda del poeta hondureño, no sólo en el sentido de la emoción, sino de la forma. Ya no hay en ellos ni prosodia balbuciente, ni sensiblería romántica, ni voz engolada, ni estruendo oratorio, sino versos cincelados, sabia elección verbal, personalidad de emoción, estremecimiento interior de noble alcurnia. Muchos de estos poemas merecen honores de antología; y es doloroso que el poeta muera en el instante mismo en que comienza a entonar canción perdurable.

¿Poeta de transición, poeta inactual? Lo primero no significa sino capacidad de renovarse; y en cuanto a lo segundo ¿qué es la actualidad en la poesía? En estos últimos años hemos presenciado varios homenajes de consagración a poetas desaparecidos, con frecuencia olvidados en el sentido de la lectura asidua, de la morosa frecuentación: Garcilaso, Lope, Góngora, Bécquer… ¡Qué espíritus tan diversos, qué obras tan disímiles, cuán divergentes orientaciones!

¿Qué hay de común entre el cristalino y melodioso fluir del lloro de Garcilaso y la pompa del verbo, el tropel de imágenes, el color luminoso de la decoración gongorina? ¿Qué punto de contacto entre ese mar, ya tranquilo, tempestuoso—inmenso siempre— que es la poesía de Lope, y esa espuma de lágrimas —flor la más pura del romanticismo español— que son las breves rimas de Gustavo Adolfo Bécquer? Mucho en realidad, a pesar de las apariencias engañosas. Todos ellos, en el estremecimiento de la emoción creadora, han forjado su propia lengua poética, han forjado su propia lengua poética, su expresión personal, su lírico mensaje a través del tiempo. Y ha sido especialmente la juventud, la de hoy, la eterna rebelde, la que en ocasiones yerra el golpe y en otras da certeramente en el blanco de la palabra nueva, es la juventud, digo, la que ha contribuido más fervorosamente al homenaje. En la glorificación de estos poetas, ha querido glorificar los valores esenciales y eternos de la poesía; porque todo poeta, cuando lo es en grado heroico, es siempre actual.

Y volviendo a Molina —Paulo Minora Canamus—¿qué va a sobrevivir de este manojo de poemas escritos al correr de una existencia inquieta, poblada de vagabundeos sin rumbo, de artificiales estímulos, de luchas y de fracasos? Imposible adivinarlo. De un poeta queda un libro, poema, una verso quizás.. Pero en la obra inconclusa y desigual del poeta hondureño hay realizaciones líricas que no han de morir mientras no muera nuestra poesía americana, poemas que han de salvarse del naufragio pavoroso del tiempo. Y ha de sonar por muchos años aquel grito sensual de ansia insatisfecha:

"Péscame una sirena, pescador sin fortuna".

Enrique González Martínez
México, marzo de 1937

Y el águila exclamó con voz terrible:
—en una cuenca informe
nací, en esta montaña inaccesible,
que fue tal vez la enorme
atalaya de rocas de granito
que a una raza de cíclopes sirviera
para explorar con su pupila fiera
la vacua inmensidad de lo infinito.
Un pálido crepúsculo
—tímido heraldo del glorioso día—
envolvió suavemente la nidada
donde mi vieja madre aletargada
con su robusto cuerpo me cubría.
Saqué, llena de anhelos,
debajo el ala tibia y protectora
la cabeza. En los cielos
donde quedaban de la sombra rastros,
iba apagando la rosada aurora
las temblorosas luces de los astros,
con su soplo sutil. En ese instante
surgió, tras la muralla de los montes
el nuevo sol, magnífico y radiante:
mientras que los corceles de la noche
huyendo por los claros horizontes,
desbocados e inciertos,
en el profundo foso del vacío,
heridos por mil flechas inflamadas,
se desplomaron muertos.

Mi madre, al despertar, abrió las alas
a una cresta bravía
y allí, posada en ademán soberbio,
contempló con el ojo dilatado
aquel sol que subía
como un globo de púrpura incendiado.

A las grandes alturas
después tendió su vuelo,
cruzando sobre valles y llanuras,
siguiendo la enriscada cordillera
hasta perderse en el confín. Llegaba
el sol a la mitad de su carrera
cuando volvió a su nido de ramajes,
con un níveo cordero hecho pedazos,
dando gritos salvajes,
sacudiendo aletazos.

Luego crecí, volé con pocas fuerzas
a las rocas cercanas;
después, valor cobrando,
volé a las yermas cúspides lejanas
que coronan gritando
las venerables águilas ancianas.
Y hoy, ya lanzada sin temor al viento,
trazo en él espirales
y puedo en un momento
subir a las regiones celestiales;
y tiene tal audacia y tal aliento
mi poderoso vuelo vagabundo
que, si quisiera un día,
sin detenerme a descansar podría
darle la vuelta al mundo.

Mi aspecto es muy altivo:
el moño de mi testa se asemeja
al penacho guerrero
de un noble paladín. Un ojo vivo
y grande, bajo el arco de mi ceja,
se hunde lleno de luz. De fino acero
y con forma de gancho
es mi terrible pico,
firme y cortante, poderoso y ancho.
Mi cabeza marcial que el aire peina

es redonda, pequeña y bien formada,
me ciñe el cuello, cual si fuera reina,
magnífico collar. Mis alas rudas
son dos alas tremantes
de plumas puntiagudas,
compactas y brillantes,
que después de cubrir el atrevido
pecho que tengo, bajan ya más breves
a resguardar mi torso que se ha hundido
en todas las entrañas y las nieves.
Son ásperos mis dedos. Y las uñas,
con que a la piel del que vencí me aferro
son hechas con el hierro
de las cotas y lanzas. Es leonado
mi espléndido color, mi ademán noble,
y me palpita un corazón osado
en un cuerpo más sólido que un roble.
La mirada del lince no es más fina
que la que amenazante
echo sobre reptiles y cuadrúpedos
desde la cima del cenit radiante,
coronado de rayos. Si me poso
al borde de un peñón hendido a tajo,
y una invisible mano arranca al monte
una roca de cuajo
lanzándola al abismo, pongo atento
oído al rumor hondo,
y recojo el estrépito violento
que sube retumbando desde el fondo.

Después que atisbo a la confiada víctima
que en el llano o el árbol me provoca,
pliego el ala de súbito,
y más veloz que el rayo fulminante
caigo sobre ella, de la rabia loca,
hundiéndole las uñas. Aunque luche
por escaparse con esfuerzos vivos,

vencida y desmayada,
queda bajo mis dedos convulsivos
sujeta contra el suelo. La cabeza
con su garra sola
le oprimo con tesón. Abro las alas,
y apoyada en la base de mi cola,
gozo escuchando el estertor. El ojo,
que la luz del espacio recogía,
se vuelve turbio y rojo
al bañárseme en sangre. El pico abierto,
mientras dilata la hórrida agonía,
dejo salir mi lengua palpitante,
semejando una rígida tenaza
que la hoja deslumbrante
saca del fuego de la roja hornaza.

¡Nada me arredra! Si el destino adverso
me depara un encuentro peligroso
con una bestia montaraz y fiera,
me vuelvo más osada y más valiente,
hasta que me alzo victoriosa al cielo
llevándola en mis garras prisionera.
En las febriles épocas del celo,
cuando cuida mi dulce compañera
del implume aguilucho, mi polluelo,
devasto el valle que mi vista abarca,
aterro los rebaños y pastores,
y al nido donde tengo mis amores
llevo el botín que cojo en la comarca.

Luego que en un festín de carne cruda
mi apetito he saciado,
cansada, triste y muda,
me voy a reposar sobre una roca
con el buche inclinado.
En las cálidas horas del estío,
en esas horas largas y terribles,

en que parece que los pies caminan
sobre ascuas invisibles;
en que el sol encendido
va rompiendo las aguas luminosas
de un mar hirviente de metal fundido;
en que abre sudorientas
la tierra sus mil grietas, como bocas
enormes y sedientas
de un sorbo de agua. Cuando el tigre fiero
sestea en su cubil de la espesura
sin pensar en su instinto carnicero;
y abandonando el árido paraje
el antílope busca la frescura
del umbroso follaje
desbordante de savia y de verdura;
cuando el león acezando
retírase a sus cóncavas cavernas
donde la prole está, y allí acaricia
de su querida las velludas piernas
bramando de lujuria y de delicia
al contemplarla tan hermosa; entonces
voy a bañarme al anchuroso río
orlado de nenúfares y espumas,
humedeciendo en el cristal movible
mi clámide de plumas.
Y por la tarde, cuando el sol expira
tras su carrera vasta
en su lecho de nubes y arreboles,
vuelvo al hogar, donde me aguarda siempre
mi compañera casta,
aquella que me quiere hace cien soles
con fiel cariño y con amor constante,
desde que pudo verme cierto día
vagando sobre cúspides errante.
En un pequeño quicio
junto a mi hogar, colgado
en las fauces de un hondo precipicio,

las alondras y oscuras golondrinas
sus nidos han formado
con las yerbas más suaves y más finas,
como buscando protección. Alegres
me siguen, si de pronto
en las mañanas tibias
al éter me remonto,
puro y azul, y mi regreso espían
cuando el fulgor postrero
del crepúsculo vuelvo a la montaña,
asomando las tiernas cabecitas
y metiéndolas luego en su agujero
para sacarlas otra vez. No temen
el poder de las águilas,
que no hacen de él alarde
en unos pajarillos infelices,
sino contra el cobarde
milano vil, que en la feraz campiña,
si devoramos una presa, a veces
quiere igualarse con nosotros, cuando,
dignas de su bajeza y su rapiña,
les tocan a ellas despreciables heces.

Yo soy la imagen de la fuerza. Nadie
a mis dominios sube
sin que pague muy cara su osadía.
De un rápido aletazo
divido en dos la nube
cuando se atreve a importunarme. Un día
un cazador, oculto entre las breñas,
me disparó sus balas,
y con un solo golpe de mis alas
rodó aturdido por las duras peñas.
Si mi vuelo lo oprime,
el aire de la agreste cordillera
a mis costados gime
cediéndome lugar. Sin sacudidas

me elevo a los espacios audazmente,
con las alas tendidas
y con el cuello rígido. Las ráfagas,
vagabundas e inquietas,
siguen mi huella en turbas ladradoras,
como queriendo conocer conmigo
la cuna en que nacieron los planetas
en cendales magníficos de auroras.

    El viejo invierno es el mejor amigo
que tengo por el cielo;
el viejo invierno, que una vez al año
de su alcázar de hielo
sale crudo y huraño,
y rompiendo los odres de los vientos,
y soltando los líquidos raudales,
cruza por los abismos siderales
ceñido de relámpagos sangrientos.
Yo conozco las fraguas donde viven
los terribles Vulcanos del vacío
haciendo sus ensayos,
y envueltos en sus mantos —nubarrones
oscuros y andrajosos—
templan los haces de encendidos rayos
al compás de los truenos pavorosos.
Al ruido, los lejanos aquilones
como un tropel de fieras,
rugen desde el confín, los huracanes
óyense ayes profundos,
derrotados se escapan los vestigios
y parece otra vez que se repite
la gestación de los actuales mundos
en el oscuro seno de los siglos.
Al ígneo sol, a él mismo,
lo miré arrebujarse entre su manto,
pálido ya de espanto.
Hui entonces del abismo

ensordecido por aquella guerra,
como por el rumor estrepitoso
de una inmensa catástrofe... La tierra
tiritaba de pánico y de frío.

Y envuelta en la vorágine
de un gran viento bravío
que a su paso tronchaba
de las selvas los árboles gigantes,
llegué a amparar mi tímido polluelo,
en tanto que la sierra vacilaba
sobre su eterna base de diamantes
bajo la inmensa cólera del cielo.
Pero si la borrasca me echa al nido
y ante su empuje cedo,
¿quién otro me ha infundido
el vergonzoso miedo?
El mar que a la ribera
sujetan con amarras,
ocultas, ciegas e inmutables leyes,
no ha intimidado mi arrogancia fiera
al azotarme con furor las garras
clavadas al peñón. La cruel pantera,
desde su bosque de bambúes frágil
en vano ruge para mí. Y el tigre
manchado, aleve y ágil,
nunca hundirá sus aceradas uñas
en mis carnes. El rudo
rinoceronte de pesados miembros,
de groseras pezuñas
y cuerno poderoso,
no puede echarse sobre mí. Ni el oso,
ni el león melenudo,
el rey de los mamíferos feroces,
que asorda con el trueno de sus roncas
y prolongadas voces
el bosque virgen y las cuevas broncas.

Si ellos rugen, yo grito;
si ellos guardan la selva, yo los montes
de entrañas de granito,
los vastos horizontes,
el grandioso infinito.
Si un áspero pelaje
les envuelve la piel, y con furioso
ademán mueven la melena hirsuta,
yo tengo mi plumaje
y mi penacho airoso.
No les envidio la apartada gruta
que tienen en los bosques seculares,
ni sus garras retráctiles,
ni sus recios y elásticos ijares,
ni los sutiles trancos,
ni los hijuelos, ni su joven hembra
que al vagar por cañadas y por cauces
ebria de amor, las fauces
abre gimiendo y el espanto siembra.
Porque en las altas rocas escabrosas
un nido tengo. Porque son mis garras
como las de ellos; y al costado mío
jamás hundirse pudo
la envenenada punta de los dardos,
como si fuera un resistente escudo.
Porque si tienen círculos de dientes,
yo tengo un pico curvo y acerado
en que han agonizado
retorciéndose en vano mil serpientes.

Y en cambio ¿quién ostenta
esta movible cauda,
este firme timón en que confío
para lanzarme al piélago bravío
de la oscura tormenta?
¿Quién tiene el ala más potente y rauda
que el ala que yo pongo en movimiento

para cruzar el viento,
para azotar la gigantesca tromba
que como cono hacia los cielos sube
del irritado abismo de los mares,
como si Dios, oculto en una nube,
tirada de la red de grandes olas
donde se agitan monstruos a millares?
¿Quién tiene esta pupila irresistible
que al espacio sin límites se tiende
fulgurante y terrible,
que es igual a una llama,
si la salvaje cólera la enciende
o si el amor la inflama;
que percibe —al cernerse al mediodía
bajo los cielos altos—
el vaivén de una rama,
el corderillo en la florida loma,
de la liebre los saltos
y el volar de una cándida paloma;
que en la serena noche despejada,
de estrellas rutilantes coronada,
mira brillar a Marte
en el fondo del claro firmamento
como si fuera un ojo
fijo, enorme y sangriento?

     Jove, que fue el señor de la ancha esfera,
me destinó, en decretos inmortales,
a ser su mensajera,
a conducir los rayos celestiales.
Y al quedar para siempre desolado
su hermoso cielo, de esplendores lleno,
al extinguirse en el azul sagrado
la alegre carcajada de los dioses
y el olímpico trueno,
triste vagué en el clamoroso espacio
por misteriosas fuerzas sacudido,

y fui a formar mi inaccesible nido
más allá de las cúspides del Lacio.

    Yo de la humanidad civilizada
miré el día primero
deslizarse tranquilo,
y he conocido el báculo de Homero
y la calva de Esquilo.
Yo soy hermana de los genios. Ellos,
con su numen ardiente,
vuelan también a la región del cielo
a librar con anhelo
en la copa del éter transparente
de la alma luz.
Yo soy el ave noble
el ave de la gloria,
que los guerreros el rudos
conducen como nuncio de victoria.
Yo estoy en los escudos
donde se embotan las espadas fieras
en los cascos de bronce,
en las sacras banderas.
    Yo la reina de las aves. Todas,
desde aquella que entona sus cantares
en la verde arboleda,
hasta el petrel que sin temores rueda
sobre el lomo encrespado de los mares,
del huracán bajo la cruda saña,
sujétanse a mi inmenso poderío;
mi trono es la montaña
y mi reino el vacío.

    Yo soy emblema del valor. ¿Quién puede
intimidarme alguna vez? ¿Qué obstáculo
ante mi vuelo triunfador no cede?
¡Nadie mi voluntad sujeta!
¡El hombre, ese verdugo,

que dice ser el dueño del planeta,
no me ha impuesto su yugo!
¿Qué leyes obedezco? ¿Qué ominoso
poder mis fieros ímpetus dirige?
En la tierra y el mar, ¿quién más pujante?
¡Ni el que los orbes inflamados rige
con su cetro gigante
puede causar el águila un desmayo!
No puede ni Dios mismo...

    Calló el ave blasfema...
                           En ese instante
un indignado y repentino rayo,
hecha cadáver la arrojó al abismo
en espantosa rotación. ¡El trueno,
de pavorosas amenazas lleno,
bramó desde el confín del horizonte
y un negro nubarrón que descendía
una lágrima fría que descendía,
vertió sabre la cúspide del monte!

Una Muerta es un poema cargado de dolor.

UNA MUERTA

Poema elegíaco
A la amada memoria de doña Dolores Hinestroza, en el día de difuntos, hoy que, en el glorioso Paraíso, goza de la paz y luz eternas, en la pléyade de los bienaventurados, junto con sus hermanas en el amor y en el dolor. SICUT ERAT IN PRINCIPIO, ET SEMPER, ET IN SCECULA SCECULORUM. AMEN.

MCMV.

Señor: tú la llamaste
    y ella voló a tu lado,
dejándome en la tierra.
    ¿Mi espíritu has mirado?

No es jardín —florecido
    de azules ilusiones—
sino que inmunda cueva
    de arañas, escorpiones
y víboras. Un pozo,
    de horror y de amargura,
en que está con cadena
    la trágica locura.

La copa de mi vida,
    donde escanciaba mieles,
llena está hasta los bordes
    de ponzoñosas hieles,
más álgidas que aquella
    bebida ignominiosa,
que recoció tu lengua
    en la cruz afrentosa.
No bañaron mis lágrimas
    sus gélidos despojos,
porque cegó la angustia
    los cauces de mis ojos;

pero —como una vena
    por la cuchilla rota—
mi corazón sangraba
    sin tregua, gota a gota,

cual tu divina frente,
    en el pavor del huerto,
sobre los restos fríos
    de todo un mundo muerto.

Mas aquel dolor hondo,
    siniestramente mudo,
estranguló mi cuello
    con serpentino nudo;

dejó en mi faz adusta
    su corrosiva huella;
amontonó una noche
    glacial sobre mi estrella;

azuzó mis pasiones
    más terribles e insanas,
y pobló mi cabeza
    de prematuras canas.

Tú —que de todo miras
    el anverso y reverso—
que regulas la máquina
    que mueve el universo,
que sabes, omnisciente
    y enorme taumaturgo,
por qué el dragón se arrastra,
    por qué vuela el simurgo;

por qué el sonido ondula,
por qué la chispa quema,
    por qué el retoño nace,
por qué fulge la gema;

por qué se hermanan siempre,
    en un igual destino,
la leche con el llanto
    y el agua con el vino,

dime: si fue en la tierra
    también tu preferida,
¿por qué la flor segaste
    de su apacible vida,

dejando que un enjambre
    de lívidos gusanos,
hirviera en sus mejillas,
    sus senos y sus manos?

Su cabellera undívaga
    fue una noche fragante;
su frente, como el arco
    de la luna menguante.

Dos iris tenebrosos
    fueron sus grandes cejas;
dos albos y odoríferos
    jazmines sus orejas.

Sus pestañas, segmentos
    del óvalo radiado,
que exorna las imágenes
    en el vitral sagrado.

Su mirada, solemne
    tristeza vespertina;
sus párpados, dos hostias
    de inmaculada harina.

Los orbes de sus ojos
    ópalos tornasoles,
como amatistas trémulas
    en un fondo de soles.

Su nariz, noble y firme,
    como una intención buena;
su mejilla —de cera
    mística— luna llena.

Su boca, para mi alma
    sedienta de ternura,
un pozo de aguas vivas
    de perennal frescura.

Su cuello —que tenía
    la candidez del cirio
y del lino litúrgico—
    como un excelso lirio.

Sus senos eran como
    manzanas odorosas,
cual racimos opimos
    de viñas deleitosas.

Sus manos, hechas para
    cortar en los jardines
cerúleos rosas áureas
    y argentinos jazmines.

En su regazo pudo
    reclinar su cabeza
un dios, agonizante
    de amor y de tristeza;

y, como el del arcángel
    de las anunciaciones,
era su pie de jaspe.
    Los buenos corazones

amaban su modestia
    y su gentil donaire,
que ungían de perfumes
    los átomos del aire.

Bajo los dedos gráciles
    de su impecable mano,
hondamente quejábase
    el corazón del piano;

y, en la oquedad sonora
    de su violín de plata,
oyóse de los silfos
    la flébil serenata:

tal fué la dulce virgen
    cuando acordó el destino
ponerla —bajo un sauce
    doliente— en mi camino.

Era entonces mi espíritu
    un manantial exhausto,
más secular que el lóbrego
    espíritu de Fausto,

donde trazó sus cálculos
   glaciales la experiencia
y cayó la simiente
   del árbol de la ciencia,

que cultivan los hombres
   con férvidos afanes,
para que lo cosechen
   irónicos satanes,

prestos a urdir las redes
   de las primeras citas,
donde se rinden siempre
   las pobres Margaritas

(Queríanme los impuros
   pecados capitales,
y odiábanme las vírgenes
   virtudes teologales).

Había explorado todas
   las altas latitudes
del pensamiento: leído
   biblias y talmudes;

meditado en las muertas
   necrópolis sombrías,
de las leyendas magnas
   y las filosofías:

investigando ciencias
   y oscuras nigromancias,
que esconden de las cosas
   y seres las substancias;

consumido, en estudiosos
    y locos devaneos,
nervios y sensaciones,
sentidos y deseos,

hasta tener, enfermo
    de un incurable hastío,
encima, un cielo mudo,
    quimérico y vacío,

y en mi conciencia, a rumbos
    ignotos impelida,
horror por la natura
    y espanto por la vida.

Pero ella puso en mi alma
    el candor primitivo
de las revelaciones
    celestes. Un olivo

plantó entre las arcillas
    estériles de mi era:
una vid y una espiga,
    un laurel y una higuera.

Agua ofreció a mis labios,
    marchitos y sedientos;
vertió sobre mis llagas
    milagrosos ungüentos;

y ahuyentó de mi paso
    con dulces oraciones,
todos los cancerberos
    y todos los dragones.

(Más tú, Señor, dijiste
    al ángel de su guarda:
ve por ella a la tierra,
    hace tiempo que tarda.)

El ángel bajó al punto
    del luminoso cielo,
a través de los éteres
    pristinos. Plegó el vuelo

junto al fúnebre tálamo
    de la estancia sombría,
y al ver su exangüe cuerpo,
    su angustiosa agonía,

lloró —con sus dos alas
    cubriendo su cabeza—...
¡Era un himno grandioso
    la gran naturaleza!

Llenaba los azures,
    límpidos y jocundos,
la música solemne
    de los enormes mundos,

rodando eternamente.
    Los atrevidos montes
empinábanse sobre
    los vastos horizontes.

Del fondo de los mares
    —dorados por el día
naciente— de las aguas
    el diálogo subía.

Los bosques derramaban,
    mecidos por los vientos,
el rumor de una orquesta
    de acordes instrumentos:

todo era himnos y júbilos,
    batir de olas y de alas,
derroche de esplendores,
    de pampas y de galas,

de voces y de trinos,
    de besos y murmullos,
en piélagos y gotas,
    en selvas y capullos,

como si su cadáver,
    del más puro alabastro,
tendido no estuviera.
    ¿Por qué no murió un astro?

Señor: nunca discuto
    tu voluntad,
porque eres padre y dueño de cosas,
    espíritus y seres:

desde el funesto rayo
    que en las nubes se fragua,
hasta los pululantes
    infusorios del agua;

desde los leviathanes
    de máximas aletas,
hasta los gigantescos
    y lúgubres cometas;

desde el numen osado
    que explora lo absoluto,
hasta el instinto vago
    que germina en el bruto.

Por eso —al ser herido
    de aquel dolor supremo—
no apacenté, insensato
    las iras del blasfemo

sino que —de mi dicha
    mirando los escombros—
cargué con ellos sobre
    mis fatigados hombros,

pidiendo, por su triste
    recuerdo enloquecido,
a cada vaso un poco
    de bienhechor olvido;

consuelo, en las lecturas
    con llanto y sangre escritas,
y sueño, en el consumo
    de pócimas malditas.

De noche, cuando el ábside
    del cielo se entenebre,
mis ojos, encendidos
    por una lenta fiebre,

a través de un enjambre
    lumínico de estrellas,
siguieron por las nébulas
    el rumbo de sus huellas,

cual, en los copos sueltos
    de una viajera nube,
el vuelo se presiente
    de un errante querube,

que escruta —entre sus torres,
    murallas y vergeles—
la vida de las viejas
    Sodomas y Babeles.

¿En dónde se detuvo
    cuando dejó el planeta,
en éxodo sublime
    a la celeste meta?

¿En qué mundo de dicha
    o en qué luna de duelo,
plegó, por un instante,
    el fugitivo vuelo,

cruzando la vorágine
    de las inmensidades,
meciéndose a los soplos
    de las eternidades,

vestida con su túnica
    de luctuosos crespones,
recamada del polvo
    de las constelaciones,

trazando centellantes
    y rápidos circuitos,
sobre el haz de los vastos
    y mudos infinitos,

mientras la horrible tierra
    confusamente huía,
en el lúgubre vértigo
    de la noche sombría?

Cuando llegar la vieron
    los celestiales coros,
los ángeles chocaron
    sus escudos sonoros.

El escuadrón de rubios
    y ardientes serafines,
tocó una alegre diana
    en sus luengos clarines.

Fue a su encuentro la tropa
    de las dominaciones,
con espadas de fuego
    y auríferos pendones.

Ahora vive en el reino
    de la inmutable calma;
en su derecha luce
    la milagrosa palma

de los martirologios.
    Fulgura eternamente
una estrella bendita
    sobre tu casta frente;

y apoya, en una nube
    de polvo diamantino,
su planta, en el extático
    ejército divino.

¡Señor! ¡Señor! ¿acaso
    la miraré algún día,
en el triunfo de alguna
    celeste epifanía?

¿Iré, purificado,
    a postrarme de hinojos,
ante el amor mirífico
    que emana de sus ojos,

y juntos giraremos,
    unánimes como alas,
en órbitas de espíritus,
    de escalas en escalas,

hasta ser absorbidos
    en la divina hoguera
del Espíritu Santo?
    Ansiosamente espera

mi corazón, que llegue
    ese glorioso instante
en el eterno círculo
    del inmortal cuadrante!

RÍO GRANDE

A Esteban Guardiola

Sacude, amado río, tu clara cabellera,
eternamente arrulla mi nativa ribera,
ve a confundir tu risa con el rumor del mar.
Eres mi amigo. Bajo tus susurrantes frondas,
pasó mi alegre infancia, mecida por tus ondas,
tostada por tus soles, mirándote rodar....

Presa fui del ensueño. Tus guijarros brillantes
me parecían gruesos y fulgidos diamantes
de un Visapur incógnito de rara esplendidez;
y —en tu sonoro y límpido cristal de luna llena—
el espejo de plata de una falaz sirena
de torso femenino y apéndice de pez.

¡Oh infancia! ¡Quién te hubiera parado en tu camino!
Dueño era de la lámpara de iris de Aladino,
de su mágico anillo, de su feliz candor:
como él tuve pirámides de gemas fabulosas,
un alcázar magnifico, mil esclavas hermosas,
y fue mi amada la hija de un gran emperador.

Mas, todo fue más frágil y breve que tu espuma,
más efímero y vago que la temprana bruma,
que sube de tus aguas hacia el celeste azur;
arenas confundidas en tu glacial corriente,
pájaros errabundos que buscan lentamente
las vírgenes florestas que bañas en el Sur.

Lejos de estas montañas, en un lugar distante,
soñaba con tu fresca corriente murmurante,
como en la voz armónica de una amada mujer;
con tus ceibas y amates y tus yerbas acuáticas,
con tus morenas garzas, inmobles y hieráticas,
que duermen en tus márgenes al tibio atardecer.

Cuando volví a mirarte el opio del hastío
me envenenaba; pero tu grato murmurío
tornó a dar a mi espíritu una sedante paz:
lavaste con tus olas sus agrias levaduras,
mi corazón llenaste de cándidas ternuras,
y una nueva sonrisa me iluminó la faz.

Amo tus grandes pozas de tonos verdioscuros,
tus grises arenales y los peñascos duros,
con los que a veces trabas una furiosa lid;
y tus abrevaderos, que cubren enramadas,
donde su sed apagan las tímidas vacadas,
como en las fuentes bíblicas el ciervo de David.

Las flores de tus ásperos y espesos matorrales,
tus islotes, cubiertos de espinos y chilcales,
y los musgosos árboles que en tu margen se ven,
el gránulo de oro que en tus arenas brilla,
la raíz que como sierpe se sumerge en tu orilla,
la rama que te besa con rítmico vaivén.

Tus aguas salutíferas me dieron nueva vida.
Infatigable buzo, perseguí en su guarida
a la ligera nutria debajo del peñón;
crucé con fuerte brazo tus remolinos todos,
conocí los peligros que ocultan tus recodos
y me dejé arrastrar de tu canturia al son.

¡A veces, en las tardes, con perezoso paso
he seguido tus márgenes, que el sol, desde el ocaso,
dora con los destellos de su postrera luz,
presa de una profunda, tenaz melancolía,
tejiendo soñaciones de vaga poesía,
que mi Tabor ha sido, pero también mi cruz!
¿Qué dicen los polífonos murmullos de tus linfas?
¿Son risas de tus náyades? ¿Son quejas de tus ninfas?
¿Pan tañe en la espesura su flauta de cristal?

Oigo suspiros suaves.... gimen ocultas violas...
alguien dice mi nombre desde las claras olas,
oculto en los repliegues del líquido raudal.

¡En vano estoy inquieto, clavado en tu ribera!
No miraré, ¡oh, náyade! tu verde cabellera,
ni el jaspe de tus hombros, ni el nácar de tu tez;
sólo percibo, bajo la superficie fría,
— joyel de una cambiante y ardiente pedrería—
cual súbito relámpago, un fugitivo pez.

De noche —en esas noches solemnemente bellas—
una por una bajan del cielo las estrellas
medrosas, en tu tálamo de aljófar a dormir;
y cuando se despierta la virginal mañana,
vestida con su túnica magnifica de grana,
huyen a sus palacios de plata y de zafir.

En los postreros meses del tórrido verano
semejas un medroso y claudicante anciano,
de empobrecidas venas y de cascada voz;
tus árboles parecen raquíticos enfermos,
tus eras se transforman en miserables yermos,
segadas por el filo de una candente hoz.

Por todos lados hallan los encendidos ojos,
lajas resplandecientes, misérrimos rastrojos
y pedregales agrios donde te encharcas tú;
duermen las lagartijas su siesta en los barrancos,
y la torcaz —del monte en los escuetos flancos—
se queja bajo un cielo de vívido tisú.

Mas ya las nubes abren sus lóbregas entrañas:
un diluvio benéfico desciende a las montañas,
cien arroyos hirvientes hasta tu cauce van;
arrastras en tu cólera los más robustos troncos,
y —sacudiendo peñas y dando gritos roncos —
pareces el hermano del hórrido huracán.

Pláceme así mirarte cuando a tu orilla acudo,
cuando me precipito —enérgico y desnudo—
en tus revueltas aguas que reventar se ven;
y aspiro de tus bosques el capitoso efluvio
y pienso que eres una corriente del diluvio
que fragorosa bate mi palpitante sien.

¡Porque amo todo aquello que es grande o que es sublime:
el águila tonante, no el pájaro que gime,
el himno victorioso, no el verso femenil;
las mudas, y solemnes, y vastas soledades,
los lúgubres abismos, las fieras tempestades,
todo lo que es soberbio, grandioso o varonil!

Te amo por eso cuando con vigorosas alas,
te cruza —mientras turbio y aterrador resbalas—
lanzando gritos ásperos el martín-pescador;
y, columpiando agrestes parajes nemorosos,
vas a asustar los viejos caimanes escamosos,
tendidos en la costa con plácido sopor.

Sigue rodando, oh río, por tus eternos cauces,
ve a endulzar del enorme Pacífico las fauces,
sé un manantial perenne de vida y de salud;
muy pronto iré a tu orilla, con ánimo cobarde,
bajo la paz augusta de una tranquila tarde,
a recordar mi loca ardiente juventud.

Mañana —cuando me haga sus misteriosas señas
la muerte— bajo un lote de cardos y de breñas,
en una humilde fosa tendré que reposar;
sin que ninguno inscriba, pues de verdad nadie ama,
sobre una piedra mísera y tosca un epigrama
piadoso, que las gentes convide meditar.

Pero mi oscuro nombre las aguas del olvido
no arrastrarán del todo; porque un desconocido
poeta, a mi memoria permaneciendo fiel,
recordará mis versos con noble simpatía,
mi fugitivo paso por la tierra sombría,
mi yo, compuesto extraño de azúcar, sal hiel.

Envuelto en un solemne crepúsculo inefable,
dirá tal vez, pensando en nuestro ser variable:
—"Cual nuestro patrio rio su espíritu fue así:
soberbio y apacible, terrífico o sereno,
resplandeciente de astros o túrbido de cieno,
con rápidos, y honduras, y vórtices". Tal fui.

Tal fui, porque fui hombre, oh, soñador ignoto,
pálido hermano mío, que en porvenir remoto
recorrerás las márgenes que mi tristeza holló.
¡Que el aire vespertino refresque tu cabeza,
la música del agua disipe tu tristeza
y yazga, eternamente, bajo la tierra yo!

Florido de bellas y amables mujeres,
constelado de vívidas luces voltaicas,
radioso de grandes, magníficos y claros espejos,
que, en su fondo, la fiesta sonora copiaban,
         estuvo el Salón esa noche
azul.

Esa noche sublime y fantástica,
en que el círculo augusto de próceres,
—desde lo alto— la lírica fiesta miraba,
con ojos que dicen oscuras historias antiguas
         —ya casi olvidadas—
leyendas de luchas civiles,
que brotar hicieron en sus testas canas,
cuajando en sus barbas —añosas, y luengas, y grises—
(tal como de un roble senil las flotantes parásitas)
         grumos de salobres
         y secretas lágrimas.

Melancólicamente gemía
la orquesta una dulce sonata,
poblando la atmósfera tibia, radiosa y fragante,
de susurros de alas,
         de diálogos de hojas,
de ritmos, y risas, y músicas de agua,
         de trinos de pájaros, errantes y solos
meciéndose a impulsos del aire en la rama,
en un claro solemne de luna de mayo,
que envolviera en su albor una selva encantada,
         una selva
         fantástica,
en donde tejieran sus bailes sutiles los silfos
al pasar la reina de todas las hadas.

La orquesta gemía,
cual si en cada instrumento palpitase una alma
dolores sin término,
penas ignoradas,
adioses de amantes que no han de volver a mirarse,
a quienes separa,
—desuniendo sus jóvenes bocas convulsas—
la suerte implacable, de duras y yermas entrañas,
de pechos de bronce,
de oscuras pupilas sin brillo que no miran nada,
ni el leve pañuelo que un brazo sacude en el aire,
ni el trémulo llanto que asoma a las negras pestañas.

La música aquella,
la música aquella de besos, suspiros y lágrimas,
arrulló mis dolientes, secretas y adustas congojas,
con sus brazos de hada;
me besó en la frente
cual las novias castas,
al dar la postrer despedida al amante,
desde la ventana,
que festona la yedra de fresco follaje
y las golondrinas rozan con sus alas.

La música aquella
penetró en los hondos y oscuros abismos de mi alma
llenándola de una
sensación extraña,
semejante al intenso y ardiente perfume de estío
que aspiran los náufragos en la gélidas noches antárticas.
O al potente aroma de sal, y de sol, y de vida,
de umbrosos pinares, de frescos mariscos y de algas,
que turba de súbito la lenta y horrible agonía
de un tísico exangüe, de lívida faz demacrada.

La música aquella
penetró en mi alma,
como una argentina
claridad de alba,
como una
fragancia,
penetró en los siniestros abismos de mi alma.

Te acercaste al piano
como leve ondina de invisible planta,
envuelta en el vago murmullo que sigue y adula
a la gracia.
Vibraron las teclas
al tibio contacto de unas manos cándidas,
y un arrullo muy quedo de tórtola viuda
salió de tu grácil garganta,
salió de tu cuello lilial y armonioso de cisne
que muere una tarde, caliente y dorada,
abriendo las alas, de albura impecable, de nieve hiperbórea,
sobre el tibio cristal de las aguas
inmóviles,
diáfanas,
cubiertas de lotos azules, de enfermos nenúfares,
de algas....

¡Qué tarde te hallé en mi camino,
en la ruta sin fin de mi Sahara,
donde voy —trashumante viajero sin rumbo ni guía—
con mi alforja de penas y oscuras nostalgias
apoyado en un báculo, inútil y viejo,
sangrientos los pies en las rotas sandalias,
sin ver a lo lejos un pozo perdido
a la sombra de alguna palmera lozana,
donde fuera a beber unos sorbos benéficos
de agua,
o a probar del racimo de dátiles negros
que esconden las frescas y fértiles ramas,

olvidando los soles candentes,
la polvosa y eterna llanura incendiada,
los lívidos huesos sembrados en torno,
la angustiosa marcha,
los fieros chacales que acechan mi paso nocturno
con ojos que tienen el rojo fulgor de las ascuas....

     Camello extraviado
de la caravana,
que atedia la fiebre del viaje sin límites,
a través del desierto sin césped, sin hembra y sin agua;
errante y medroso camello,
que siente la loca nostalgia
del oasis que nunca aparece de súbito.
en la gris y eternal lontananza
con sus datileros
y sus fuentes claras,
sus jugosos tallos
y sus siestas largas,
te he mirado —como un espejismo feliz y engañoso—
     con pupilas vagas,
     de las cuales ruedan
     en silencio lágrimas,
     cobardes,
     amargas,
     ardientes,
     calladas,
como un espejismo falaz y atrayente
en el límite gris que recorta mí cálido Sahara.

     No serás la palmera que sombra perenne me brinde,
ni el pozo en que abreve mis fauces de bestia cansada,
ni hincaré mis callosas rodillas dolientes
en el suave vellón de tu verde y espléndida falda.

     Camello jiboso —camello extraviado y maldito
        de la caravana—

aspirando con secas narices el aire mortífero
que lame la arena con lenguas furiosas de llama,
seguiré por el rojo desierto en que vago sin rumbo,
            con las tristes pupilas clavadas
en el vago y azul y engañoso espejismo
            de tu fresca gracia,
            de tus labios húmedos,
            de tu risa clara,
de tu frente triste,
            de tu tez de ámbar,
de tu grácil cuello,
            de tu talle de hada,
            de tus luminosas
            y ardientes miradas,
hasta cuando —rendido de tedio, de sed y fatiga,
moribundo me acueste una tarde en mi Sahara,
a soñar con el vago espejismo de amor y de dicha
que mostraste a mis ojos en una brillante velada.

SEGUNDO ANIVERSARIO

En vida te amé siempre, tú bien
lo sabías, callada, hondamente; amé
tu fino cuerpo, tu pálido óvalo, tus
negros ojos, tus cabellos; a ti toda.
GOETHE

En junio fue —bien lo recuerdo- en junio,
y en esta fecha, trágica y fatal,
en esta fecha, de funesto signo,
que nunca, nunca lograré olvidar;
porque en mis noches tétricas de insomnio,
—en mis noches de insomnio pertinaz—
esa fecha revive en mi memoria,
que aletargara el opio del pesar.

Porque en mis noches tétricas de insomnio,
pienso en la dulce amada que se fue
a plegar sus dos alas arcangélicas
en un radioso, ultraterrestre edén.
Pienso en la amada que partió a los astros,
que nunca más mis ojos han de ver,
y que —en mi copa emponzoñada— puso
una mezcla de lágrimas y miel.

En junio fue —bien lo recuerdo— en junio,
y en esta fecha inolvidable, sí.
El ángel de la muerte esa mañana
logró en su cuarto penetrar por fin.
Logró en su cuarto penetrar el ángel
sombríamente encantador. Le vi
fijos los ojos en los ojos de ella,
próximos a apagarse y a morir.

¡Ah, tus inmensos ojos! ¡Ah, tus ojos,
llenos de celestial resignación!
¡Ah, tus ojos agónicos y ardientes,
irradiando un divino resplandor!
¡Tus tristísimos ojos desolados
como dos plenilunios, como dos
plenilunios vertiendo sus congojas
sobre una extraña y gélida región!

Mi alma salió temblando de su cárcel
a combatir al ángel funeral,
mas fue vencida en el terrible duelo,
en aquel duelo, lúgubre y tenaz,
que trabaron —a todos invisibles—
junto a la dulce moribunda, cual
si fuesen dos demonios enemigos
batiéndose en el reino de Satán.

Entre los cirios lacrimosos, bella
yacías en tu casta flacidez
con las manos en cruz sobre tu seno
modelado en la copa de Thulé;
sobre tu seno —donde tantas veces
puse, afligido, la convulsa sien—
cuando mi corazón manaba sangre
y era mi boca crátera de hiel.

La noche lentamente envejecía.
Sentado en la mortuoria habitación,
mudo, como la boca de un abismo,
me sumergí en la fiebre del dolor;
en tanto que la noche envejecía
sobre el planeta miserable, y yo
le preguntaba al cielo indiferente
en dónde estaba la piedad de Dios.

Una lámpara humilde sus reflejos
fantásticos trazaba en la pared,
y un aire —con olor de sepultura,
de pócimas y ramas de ciprés—
frío, cual si viniese de algún páramo,
o de la anciana luna de Astarté,
o de las negras olas de la Estigia,
como una espada penetró en mi ser.

¡Caía de las cósmicas alturas,
de la radiante faja zodiacal,
sobre el espanto mudo de mi espíritu,
una solemne irradiación de paz,
en tanto que la noche envejecía,
—noche de junio, lúgubre y fatal—
poblada de delirios infernales,
que nunca, nunca lograré olvidar!

"¿Quién habla de conquistas fatales?",
es la respuesta de Molina a Salutación
al Águila de Darío.

ÁGUILAS Y CÓNDORES

A Alejo S. Lara

*Para ti, gran inteligencia y gran corazón, que en el augusto silencio
de la amistad enfloraste mi lira y me tendiste la mano. Mi espíritu
augur a través de la diaria vida mediocre hace un signo a tu alma
patricia -véneta o florentina. triplemente capaz de amar, sentir y
comprender,*

J.R.M.

¡Portaliras ilustres de nuestro Continente:
miremos el futuro con ojos de vidente,
con ojos que irradiasen —de sus cuencas sombrías—
la luz de las más grandes y fuertes profecías;
la luz de Juan —con su águila y su delirio a solas—
frente al eterno diálogo de las convulsas olas,
que oyeron —bajo un cielo de horror y cataclismo—
las cosas que le dijo la lengua del abismo;
voces de Dios: hipérboles, parábolas y elipsis
que truenan en el antro del negro Apocalipsis!

¿Hermanos no seremos en la América?
                                        Todos
nacimos de los gérmenes vitales de sus lodos:
desde el rubio hiperbóreo que en el norte domina
hasta el centauro indómito de la pampa argentina,
que rige los ijares de su salvaje potro
como las ruedas rítmicas de su máquina el otro,
cual si quisieran ambos —henchidos de arrogancia—
suprimir el obstáculo del tiempo y la distancia.

Para Dios —que los orbes con su palabra crea—;
que, antes que el viejo kosmos, hizo el fiat de la idea,
dando así —en la medida de su alto pensamiento—
más valor a una sílaba que a todo el firmamento,
porque hay una mecánica más divina y completa
en una hermosa idea que en el mejor planeta;

para ese Dios que todo lo ve, lo pesa o traza,
no hay en el Nuevo Mundo más que una sola raza,
raza que tiene sones de próxima marea
a los pies de los Andes: muralla ciclopea,
dragón en cuyo dorso se erizan cien volcanes,
que barre con su apéndice el mar de Magallanes,
y tritura en sus dientes —en la región del bóreas—
un enorme oso blanco: las tierras hiperbóreas.

    ¿Quién habla de conquistas fatales?

                                El destino
nos lleva a grandes pasos de luz por el camino
que se hunde en las abruptas gargantas de la historia.
Calienta nuestros éxodos un almo sol de gloria:
de otras razas cargamos los cíclicos escombros
para oprimir en ellos nuestros hercúleos hombros;
cortamos en los bosques las más ilustres palmas;
fundimos en las almas antiguas nuestras almas;
seguimos, como norma de vida, los ejemplos
máximos: el Dios único se adora en nuestros templos;
somos los herederos de un mundo amortajado:
¿Qué hacer con ese enorme depósito sagrado?

    ¡Un manantial de bienes, magnífico y fecundo!
Cuando Dios nos donara este soberbio mundo;
cuando trazó a Colombo su misteriosa estela,
soplando —desde el cielo— la lona de su vela;
cuando le envió —del fondo de incógnitas orillas—
como señal de tierra, sus algas amarillas;
cuando empujó benigno, con invisibles manos
la popa en que los graves patriarcas puritanos,
confiándose en su biblia, iban cantando en coro,
sobre las turbias aguas del piélago sonoro,
para que —en las enormes y hostiles soledades—
alzaran sus soberbias y cíclicas ciudades;
cuando envió sus ciclones y sus borrascas fieras
a Cabral —arrojándole a costas brasileras—

para que las sublimes trompetas de la fama
proclamasen su nombre con el del alto Gama,
y el genio lusitano brillara prepotente
desde el remoto Oriente al lejano Occidente,
no fue para dar vida a razas de Caínes:
¿cómo iban a ser esos sus misteriosos fines?

Fue para que —de América en el feliz regazo—
nos diéramos eterno y fraternal abrazo
de amor —de los dos mares al gigantesco arrullo—
de sus florestas tórridas al lírico murmullo
donde el Pan del futuro ensayará su flauta
ajustando sus sones a una divina pauta
de paz.

¡Junto a los ríos de milenarios cauces,
donde abrevar pudieran sus sitibundas fauces.
—sin que faltara un átomo de su raudal ameno—
los corceles de Atila, de Tamerlán y Breno!

¡Razas del Nuevo Mundo! Pueblos americanos:
en este continente debemos ser hermanos,
bajo el techo de estrellas de nuestro Eterno Padre:
la madre de nosotros es una misma madre
es una misma Niobe, que nos brindó su seno,
de calor, y de leche, y de dulzura lleno:
inagotable seno cuyo licor fecundo
dará la vida a todos los huérfanos del mundo.
Que la discordia huya de esta fragante tierra;
cerremos las dos puertas del templo de la guerra;
en el Tártaro ruede la caja de Pandora,
¿Acaso nos alumbra una feliz aurora?

Ya despuntó. Un Apolo más joven y bizarro
sujeta a su cuadriga el argentino carro.
Parte como un relámpago. En el azul sereno
repercute su fuga como un alegre trueno.

Una luz de milagro en el Oriente asoma.
Voló del Arca sobre la tierra una paloma
para escrutar el légamo de los viejos diluvios.
Un viento matutino, pletórico de efluvios,
sobre todas las frentes de la América avanza.
Cada pecho es como urna de paz y de esperanza;
florecen nuevas rosas en agresivos cardos;
las llagas se suavizan con ungüento de nardos;
los crótalos de la ira no vierten sus ponzoñas;
aceites de consuelo se ven en las carroñas;
Caín —con su salvaje melena alborotada—
no blande enloquecido su criminal quijada;
un cántico armonioso preludian las mareas...
¿Qué miro?
Grandes hordas de pueblos y de ideas
vienen sobre la música de las mareas sordas;
revueltas muchedumbres, cosmopolitas hordas,
y gentes, y mesnadas, y pueblos, y naciones.
Escucho la pisada febril de sus talones,
        el latir de sus pechos —hirvientes como fraguas—
        sus lenguas, como el grave rumor de muchas aguas;
oigo sonar sus místicos y melodiosos bronces,
glorificando al Dios del Universo.
                    Entonces
Él ha de ver —del fondo de su divino cielo—
pasar, bajo las nubes, un fragoroso vuelo,
un gran tropel de pájaros de gritos resonantes:
una bandada de águilas y cóndores gigantes,
unánimes, encima de los más altos montes,
perdiéndose en sublimes y azules horizontes.
¡Y ante esa visión de aves, fortísimas y hurañas,
tendrá como un gran gozo de miel en las entrañas!

¡Voy a decir aquí lo que me inspiras
en nobles versos, de la rima pautas,
y a tocar —para ti— todas mis liras,
mis oboes, mis pífanos, mis flautas!

¡Escoge, con tus manos impacientes,
tus ramos de olorosos azahares,
porque —bajo las viñas florecientes—
cantarás el CANTAR DE LOS CANTARES.

Mientras la alondra en el azul incierto
va a beber sol, y trémulo te aguardo,
(junto a la higuera del fragante huerto)
todo mirto, y laurel, y rosa, y nardo!

¡Oh, amada de la muerte y de la vida!
¡Oh amada, emperatriz de las amadas!
¡Parece que estuvieras defendida
como en un muro de cincuenta espadas!

Tanto me impones siempre que gozoso
miro las regias gracias en que abundas:
tu boca —pozo de aguas vivas—
pozo, donde hundiré mis fauces sitibundas;

tus tenebrosas cejas que descorre
la luz; tu frente que reclama el casco
heroico; y tu presencia —cual la torre
del rey David—
que mira hacia Damasco;

y tu mirada, que entre mil descuella,
negra como las noches y mis duelos,
mirada de los ojos de una estrella
en el solemne luto de los cielos;

y ese tu seno —ese jardín lozano
todo florido— ese jardín ardiente,
donde se alza el idílico manzano
que no conoce la sutil serpiente:

seno que mueve un ritmo de terneza,
seno de miel y ritmo sin medida,
donde pondré mi trágica cabeza
que azotaron los vientos de la vida.

¿Qué somos hoy y qué seremos? Asas
de un ánfora de nítido alabastro,
dos nubes como dos gemelas gasas,
unánimes fulgores de un mismo astro.

Dos existencias que han de ser un todo,
de la pasión terrena fiel trasunto;
veredas que, por diferente modo,
convergerán en un cercano punto.

Pese al dolor —que en ambos se cebaba—,
pese al fiero dolor y a sus traiciones,
y que agotó las flechas de su aljaba
hiriendo nuestros tristes corazones.

Pese al mal y a la envidia —ese temido
dragón— siempre de cólera despierto,
que —blandiendo la espada de Sigfrido—
veré a mis plantas, quebrantado y muerto.

Yo soy aquel que tú esperabas. Yo era
cierto príncipe azul de edad dorada,
de quien —al despuntar tu primavera—
en secreto estuviste enamorada.

El imposible amor de tus ensueños;
el que espiaste, pensando en tu destino,
desde el balcón de rosas de tus sueños,
en la nube de polvo del camino.

El caballero de gentil presencia
que imaginaste ante tus pies confuso,
cuando en tu blanca y tibia adolescencia,
hilabas tus suspiros en el huso.

¿Iba a venir del Indostán? ¿Acaso
de la China, de Persia o del Epiro?
¿En árabe corcel de breve paso?
¿En litera de púrpura de Tiro?

¿Te iba a ofrendar tesoros de Golconda?
¿Perlas de Ormuz de sin igual valía?
¿Un raro ajuar de encajes y de blondas,
como para una reina de Etiopía?

¡Te iba a decir: —"Princesa Scherezada:
vengo a ofrecerte mi país lejano,
mi alcázar, que hizo mi madrina, una hada,
mi corazón, mi juventud, mi mano!"

Y tú: —"no quiero tu país; no quiero
ni tu áureo trono, ni tu gran fortuna:
si quieres que te quiera, caballero,
bríndame el sol o bájame la luna".

El príncipe gentil huyó a los montes,
y tú dijiste pálida y sombría—
escrutando los tristes horizontes:
—¡No viene aquel que me dirá: eres mía!

Pasaron: un califa, diez emires,
y cien guerreros de estandartes rojos,
y jamás escuchaste sus decires
ni les miraron tus altivos ojos.

Hubo una guerra por tu amor. Y, en tanto
que atronaba el azul la trompa hueca,
ajena al exterminio y al espanto
tu sueño alimentabas con la rueca.

Mas sucedió que en un opaco día,
después de años tediosos y silentes,
al pie de tu cerrada celosía
sonaron dos espuelas impacientes.

¡Cómo volaste a tu balcón! ¡Qué grito
diste de dulce compasión herida—
al ver mi rostro de dolor marchito,
mi traje con el lodo de la vida,

mi frente, que selló la desventura,
mis pupilas de agónicas miradas,
mi boca, con un pliegue de amargura,
y en mi pecho diez fieras estocadas!

Sólo la arruga de mi adusto ceño
era señal, en mi contraria suerte,
de proseguir en mi inaudito empeño
contra el Mundo, los Hados y la Muerte.

Tu mano ungióme un bálsamo precioso,
diste a mi sed como un divino vino,
y hoy —otra vez— me siento vigoroso
como por arte mágico o divino.

Rosa de amor: ¡en mi jardín florece!
Casa de oro: ¡no estará desierta!
Astro del alba: ¡surge y resplandece!
¡TURRIS EBURNEA: llamaré a tu puerta!

**Con este poema, Molina demostró que
estaba a la altura de Rubén Darío.**

SALUTACIÓN A LOS POETAS BRASILEROS

Para Fabio Luz y Elysio de Carvalho

Con una gran fanfarria de roncos olifantes,
con versos que imitasen un trote de elefantes
en una vasta selva de la India ecuatorial,
quisiera saludaros —hermanos en el duelo—
en las exploraciones por la tierra y el cielo,
en el martirologio de los circos del mal.

¡Mi Pegaso conoce los azules espacios.
Su cola es un cometa, sus ojos son topacios,
el rubio Apolo y Marte cabalgarían en él:
relinchará en los céspedes de vuestro bosque umbrío,
se abrevará en las aguas de vuestro sacro río
y dormirá a la sombra de vuestro gran laurel!

Venir pude en la concha de Venus Citerea,
sobre el áspero lomo del León de Nemea,
en el ave de Júpiter o en un fiero dragón;
en la camella blanca de una reina de Oriente,
en el cuerpo ondulante de una alada serpiente,
a bordo de la lírica galera de Jasón.

O en la fornida espalda de un genio misterioso,
o envuelto en la vorágine de un viento proceloso,
o de una negra nube en el glacial capuz;
en la marea argentina de una luna de mayo,
asido del relámpago flamígero de un rayo
o con los duendes gárrulos que juegan en la luz.

Mas en Pegaso vine desde remotos climas,
—señor, príncipe, rey o emperador de rimas—
sobre el confuso trueno del piélago febril:
¡Salve al coro de Anfiones de estas tierras fragantes!
¡A todos los Orfeos del país de los diamantes!
¡A todos los que pulsan su lira en el Brasil!

Tal digo, hermanos míos en la prosapia ibérica.
Saludemos la gloria futura de la América.
que todas las espigas se junten en un haz.
¡Unamos nuestras liras y nuestros corazones,
que ha llegado el crepúsculo de las anunciaciones,
para que baje el ángel de la celeste paz!

Augurio de ese día se ve en el horizonte.
Hoy tres aves volaron desde un florido monte;
yo las miré perderse en el naciente albor:
un cóndor —que es el símbolo de la fuerza bravía—
un búho —que es el símbolo de la sabiduría —
y una paloma cándida —símbolo del amor.

Dijo el cóndor, gritando: la unión da la victoria,
el búho, en un silbido: el saber da la gloria,
la paloma, en su arrullo: el amor da la fe.
Yo —que escruto el enigma de nuestro gran destino—
ante el casual augurio del cielo matutino,
siguiendo a los tres pájaros en éxtasis quedé.

Pero Pegaso aguarda. Sobre su fuerte lomo
gallardamente salto en un instante, como
el Cid sobre Babieca. Me voy hacia el azur.
¿Acaso os interesa mi suerte misteriosa?
¡Buscadme en mi magnifico palacio de la Osa
o en mi torre de oro, junto a la Cruz del Sur!

Niño Dios —que en el pesebre
estás, radioso y desnudo—
mientras que, sombrío y mudo
tengo fiebre.

Dulce niño,
grácil cosa,
como rosa, como armiño,
como armiño, como rosa.

Pobre rey
que ningún vasallo adula,
que sonríes a la mula
o que lloras junto al buey.

Del trotar
va acercándose el rumor,
del corcel de Baltasar,
del camello de Melchor
y el onagro de Gaspar.

En la noche —ardiente y bella—
los divinos magos ven,
que ya se paró la estrella
sobre el místico Belén.

Sus tesoros
te darán, que son inmensos:
púrpuras, mirras, inciensos,
perfumes, diamantes y oros,
mientras danzan los pastores,
tañendo sus caramillos,
en los prados
argentados
aromados

de tréboles y tomillos:
y —en las bóvedas celestes—
cantan himnos y alabados
de los ángeles las huestes.

Niño Dios, pequeño rey
que un almita azul alientas,
¿tienes frío? Te calientas
con el vaho de ese buey.

Si ningún vasallo adula
el milagro de tus ojos
de violeta, está la mula
contemplándote de hinojos.

Tu
orfandad presto se fue:
ya tienes manto tisú,
un magnífico ajuar que
una maga preparó,
y tu cuello lucir ve
un collar como una O.

Bien quisiera
presentarte —como don—
la hechicera
sortija de Salomón:
o un par de azules palomas
de un exótico país,
o las mágicas redomas
en que guardó sus aromas

Belkiss,
cuando —ávida de placeres—
en pos de un rey, todo luz,
hizo su viaje a Citeres
sobre un nevado avestruz.

Ni una ofrenda, ni una cosa
fabulosa
te he de dar,
ni una perla milagrosa
de los joyeles del mar;
ni una estrella luminosa
ni un sutil velo de tul,
que —en un arca de topacio—
escondí, cerca de la Osa,
en mi lírico palacio
del azul.

Mas te regalo esta flor,
—albo y rubio serafín—
flor de amor, flor de candor...
¡La que respetó el dolor
al arrasar mi jardín!

La lluvia su monótona charla dice afuera.
La puerta de mi cuarto por fin está cerrada.
Quizás en esta noche no grite mi quimera
y goce del olvido profundo de la almohada.

¡Hace ya tanto tiempo que en reposar me empeño,
como si me turbara la fiebre del delito,
que mis ojos enclavo —de los que huyera el sueño—
en la siniestra esfinge del lúgubre infinito!

Mas hoy todos los seres me han parecido buenos,
el cielo azul brindóme su calma vespertina,
y —libre de pecados y libre de venenos—
purifiqué mi cuerpo en agua cristalina.

Quiero la paz aquella de la primer mañana
cuando, en el seno de Eva, tranquilo e inocente,
Adán durmió, al arrullo de amor de la fontana,
ajeno a las promesas de la sutil serpiente.

Un nirvana sin término, letárgico y profundo
en el que olvide todas mis dichas y mis males,
la secreta congoja de haber venido al mundo
a resolver enigmas y problemas fatales.

Ser del todo insensible como la dura piedra,
y no tallado en una doliente carne viva
de nervios y de músculos. O ser como la hiedra
que extiende sus tentáculos por manera instintiva.

No como el pobre bruto del llano de la cumbre
sujeto a la ley ciega de inexorable sino,
que en sus miradas tiene la enorme pesadumbre
de todo aquel que encuentra muy bajo su destino.

Así gozar quisiera de imperturbable sueño
cuando la noche baja de los cielos lejanos.
Estrellas: derramadme vuestro letal beleño
Arcángeles: mecedme con vuestras leves manos.

Para que mi mañana florezca como rosa
de mayo, exuberante de vida de fragancia
y la tierra contemple, jocunda luminosa,
con los tranquilos ojos con que la vi en la infancia.

Nací en el fondo azul de las montañas
hondureñas. Detesto las ciudades,
y más me gusta un grupo de cabañas
perdido en las remotas soledades.

Soy un salvaje, huraño y silencioso
a quien la urbana disciplina enerva,
y vivo —como el león y como el oso
prisionero— soñando en la caverna.

Fue mi niñez como un jardín risueño,
donde —a los goces de mi edad esquivo—
presa ya de la fiebre del ensueño,
vagué dolientemente pensativo.

sordo a la clamorosa gritería
de muchos compañeros olvidados,
que fue segando sin piedad la fría
hoz implacable de los negros hados.

¡Todos cayeron en la fosa oscura!
Fue para ellos la vida un triste dolo,
y —el corazón preñado de amargura—
me vi de pronto inmensamente solo.

¿Qué se hizo aquel cuya gentil cabeza
era de sol? ¿El jovencito hercúleo
que burlara en la lucha mi destreza?
¿El dulce efebo de mirar cerúleo?

¿El que bajaba el más lejano nido?
¿El más alegre y mentiroso? ¿El zafio?
¡Para los tristes escribió el olvido,
en el nómade viento, un epitafio...!

¡Hada buena la muerte fue para ellos!
No conocieron el dolor. La adusta
vejez no echó ceniza en sus cabellos
ni doblegó su juventud robusta!

Desde mi infancia fui meditabundo,
triste de muerte. La melancolía
fue mi mejor querida en este mundo
pequeño, y sigue siendo todavía.

Sentí en el alma un natural deseo
de cantar. A la orilla del camino,
hallé una lira —no cual la de Orfeo—
y obedezco el mandato del destino,

tan ciegamente, que mañana —cuando,
tránsfuga de la vida, me deserte—
quizás celebre madrigalizando
mis tristes desposorios con la muerte.

No he sido un hombre bueno. Ni tampoco
malo. Hay en mí una dualidad extraña:
tengo mucho de cuerdo, algo de loco,
mucho de abismo y algo de montaña.

Para unos soy monstruosamente vano;
para otros muy humilde y muy sincero:
al viejo Job le hubiera dicho —Hermano:
dame tus llagas y tu estercolero.

Una existencia asaz contradictoria
de placer y dolor, de odio y de arrullo,
ha agitado mi ser: tal es la historia
de mi sinceridad y de mi orgullo.

Goces mortales y terribles duelos,
toda ventura y toda desventura,
exploraciones por remotos cielos,
enorme hacinamiento de lectura;

despilfarro de vida sensitiva,
abuso de nepentes; los cilicios
mentales; l´alma como carne viva,
la posesión de prematuros vicios;

las miserias del medio; ansias de gloria
que llega tarde; estar organizado
para la lucha y para la victoria,
y ser, a pesar de eso, un fracasado.

¡Todo conspira a hacer horriblemente
triste al que asciende las mentales cumbres
y a que cruce —con rostro indiferente
o huraño— entre las vanas muchedumbres!

¡Ah, mi primera juventud! La cierta,
la única juventud, la que es divina!
"Lejos quedó la pobre loba, muerta"
asesinada por mi jabalina.

Al mirarme al espejo ¡cuán cambiado
estoy! No me conozco ni yo mismo;
tengo en los ojos, de mirar cansado,
algo de miedo del que ve un abismo.

Tengo en la frente la indecible huella
de aquel que ha visto, con la fe perdida,
palidecer y declinar su estrella
en los arcanos cielos de la vida.

Tengo en los labios tímidos —en esos
labios que fueron una rosa pura—
la señal dolorosa de mil besos
dados y recibidos con locura

en dulce cita o en innoble orgia
cuando, al empuje de ímpetus fatales,
busqué siempre la honrosa compañía
de los siete pecados capitales;

y era mi juventud, en su desgaire,
como un corcel de planta vencedora,
que se lanzaba a devorar el aire,
relinchando de júbilo a la aurora.

Tengo en todo mi ser, donde me obliga
algo a callar mi doloroso grito,
una inmensa fatiga: la fatiga
del peso abrumador del infinito.

La gran angustia, el espantoso duelo,
de haber nacido, por destino arcano,
para volar sin tregua en todo
y recorrer sin rumbo todo océano.

Para sufrir el mal eternamente
del ensueño; y así, meditabundo,
vivir con las pupilas fijamente
clavadas en el corazón del mundo;

en el misterio del amor sublime,
en la oculta tristeza de las cosas,
en todo lo que calla o lo que gime,
en los hombres, las bestias y las rosas;

y dar a los demás mi risa o llanto
la misma sangre de mis venas, todo,
en la copa mirífica del canto,
hecha de gemas, de marfil o lodo;

y no dejar para mis labios nada;
y vivir, con el pecho dolorido,
para ver que, al final de la jornada,
mi sepultura cavará el olvido.

Hoy, que llegué a la cumbre de los años,
ante la ruta que a mis pies se extiende,
pongo los ojos, de terror, huraños;
mas exclama una voz: ¡sigue y asciende!

Mas ¿para qué, Señor? ¡Estoy enfermo!
¡Me consume el demonio del hastío!
¡Toda la tierra para mí es un yermo
donde me muero de cansancio y frío!

He abrevado mis ansias de sapiencia
en toda fuente venenosa o pura,
en los amargos pozos de la ciencia
y en el raudal de la literatura.

Proféticos versos de su propia muerte.

Tal vez moriré joven... Los amigos y
me vestirán de negro,
y entre dolientes y llorosos cirios
de pálidos reflejos,
colocarán con cuidadosas manos
mi ya rígido cuerpo,
poniendo mi cabeza entre la almohada,
mis manos sobre el pecho.

Una lágrima fría, más amarga
que una gota de ajenjo,
correrá de mis párpados inmóviles
mi rostro humedeciendo,
hasta perderse entre mis labios lívidos,
entre mis labios yertos
contraídos por mi última sonrisa,
mi sonrisa de muerto.

En la vecina y bulliciosa estancia
mis amigos bebiendo,
con juvenil franqueza y desenfado
harán de mi recuerdos:
—Fue un soñador. —¡Qué lástima! —¡Tan joven!
—¡Parece mentira esto!
—Ayer no más hablaba con nosotros
de amores y de versos.

Ya colocado entre la estrecha cárcel
del ataúd modesto,
la tapa clavará con su martillo
un rudo carpintero.

Después, los seis amigos que me quieran
con más íntimo afecto,
me llevarán sobre sus fuertes hombros
al triste cementerio.

En una huesa lúgubre y profunda,
en un hoyo siniestro,
colocarán, para arrojarle tierra,
el imponente féretro.
Enterrado seré.... La comitiva,
"descanse en paz", diciendo,
me dejará, me dejará muy solo,
en brazos del misterio.

Los días correrán, y lentamente,
se han de podrir mis miembros,
y he de ser, por la ley de la materia,
un puñado de cieno.
Mas, entre esos despojos miserables,
entre ese lodo infecto,
germinará, ¡oh vida de mi muerte,
mi amor albo y eterno!

No llenará la cuenca de mi cráneo
la masa del cerebro,
para mandarte al mundo donde vivas
dichosa un pensamiento:
ni el corazón palpitará como antes
en mi podrido pecho.
para quererte con amor mundano
de la tumba en el seno.

Pero cada molécula, cada átomo
de mis informes restos,
y cada ser que la existencia deba
a mi ser descompuesto,
ha de llevar en su interior un poco

de este inmortal afecto,
algo que te recuerde entre los vivos
al olvidado muerto.

Verás una sombría mariposa,
en las noches de invierno,
entrar por las ventanas de tu alcoba
a esconderse en tu lecho,
revoloteando allí... Seré yo mismo,
convertido en insecto,
que llegaré del viejo camposanto
a cubrirte de besos.

Y si vaga tu espíritu en los limbos
del éxtasis supremo,
oirás entre las sombras de tu estancia
armonioso aleteo
seráfico rumor... Será mi alma
que, desde el alto cielo,
llega al triste planeta de los hombres
para velar tu sueño.

Después, cuanto tú mueras, una noche
de calma y de silencio,
arrojaré con las huesosas manos
la tierra de mi féretro;
y a la luz de un doliente plenilunio,
contemplarán los muertos,
con los brazos en cruz y de rodillas,
orando un esqueleto!

Iba el féretro muy solo
por una calle desierta,
sin que nadie, ni un amigo,
ni un extraño lo siguiera.
—¿Quién es? Ninguno lo sabe,
ni los mismos que lo llevan;
algún oscuro extranjero
que vino de extrañas tierras.

Amigo —le dije—es triste
que así los hombres se mueran,
es nuestro hermano, sigámosle:
la caridad nada cuesta.

El cielo estaba nublado
amenazando tormenta,
y en nuestra ropa caían
algunas gotas dispersas.
Tras el ataúd nos fuimos
callados por la tristeza,
y pronto, del cementerio,
atravesamos la puerta.

En un rincón olvidado
en medio de las malezas
abrieron la sepultura,
echaron la caja negra,
arrojándole de prisa
las paletadas de tierra.

¿Quién descansa en esa fosa
que cubren malignas yerbas?
No tiene una humilde lápida
donde su nombre se lea;
nadie responde quién duerme
allí; ninguno le lleva,
con el semblante contrito,
una guirnalda modesta.

¡Cuántas veces, cuántas veces
voy a la olvidada huesa,
que en el viejo camposanto,
ante mis ojos abrieron,
a meditar largo tiempo
sentándome en una piedra,
en el oscuro extranjero
que vino de extrañas tierras
y que se pudre olvidado
bajo un montón de malezas!.

¡Oh bosques silenciosos y salvajes
en los que armado de la elástica honda,
seguido de mis locos compañeros
penetré audaz, y de la fresca copa
de los árboles hice con mi tiro
caer a las selváticas palomas,
entre aleteos raudos y convulsos
y una explosión de plumas y de hojas!

¡Oh patrio río a cuya margen húmeda
crecen las ceibas y los lirios brotan,
que vi correr mientras tendido estaba
sobre el áspero dorso de una roca;
o, que, incansable y sin temor partía
nadando de una orilla hasta la otra,
en tanto que la turba de los niños
gritos lanzaba en la revuelta poza!

¡Inmensos llanos de fragante grama
que un sol canicular tuesta y agosta,
donde pasé, cogiendo florecillas,
dulces instantes de mi infancia loca!
¡Monte florido que a su falda agreste,
atada con las lianas trepadoras,
se alza una cruz, en la que puse un día
ramos de pino y rústicas coronas!

¡Humilde cementerio donde yacen
bajo modestas y olvidadas fosas,
muchos que me quisieron en un tiempo
y que olvidó hace tiempo mi memoria:
seres queridos que sin penas duermen
de los árboles viejos a la sombra,
sin que una mano adorne sus sepulcros
que la lluvia y los vientos desmoronan!

¡Hogar, pequeño hogar de mis abuelos
donde en modesta y reducida alcoba,
abrí los ojos a la luz del día
y el pulmón a las auras bienhechoras;
donde me espera con amantes brazos
para estrecharme delirante y loca,
la noble madre que me dio la suerte
para consuelo de mi vida toda!

De vosotros, boscajes silenciosos,
llanos que el sol canicular agosta,
monte aromado y turbulento río,
yo tengo la nostalgia abrumadora.
¡Quiera Dios que en los brazos de mi madre
muera al fin, y me entierren en la fosa
que abran bajo los pinos hondureños
en las entrañas de una enorme roca!

LA CALAVERA DEL LOCO

Le cortaron la cabeza
a un desventurado loco
que de un mal desconocido
se murió en el manicomio,
y arrojáronla al jardín
donde, a la hora del bochorno,
él hablaba con las rosas
y con los claveles rojos,
o con aire de sonámbulo
recitaba sus monólogos.

Cayéronse los cabellos
con los músculos del rostro,
y se comieron las aves
a picotazos los ojos;
coció el sol dentro del cráneo
como si fuera en un horno,
el cerebro, y en gusanos
fatídicos y horrorosos
transformose aquella masa
de células y de fósforo.

Después, cuando el jardinero
del jardín del manicomio
sacudió la calavera
entre sus dedos callosos,
surgieron alborotadas mil mariposas de oro.
Brillaron chispas extrañas
en las cuencas de los ojos
y chocaron, como riéndose,
las mandíbulas del loco.

La muerte fue una obsesión para Molina.

¡Ha de llegar al fin, pobres mortales!
Siglos y siglos, los lucientes astros
disparados por su órbita sublime
giran y giran. Un destino ciego
que los gobierna con seguras leyes,
traza los derroteros que recorren;
mas el Tiempo, con ojo vigilante,
vela entre las tinieblas del abismo
marcándoles un término. Los mundos
saltan de sus cimientos, desprendidos
en espantosa rotación, y ruedan,
ruedan como pedruscos gigantescos
por la terrible inmensidad sin fondo
hasta romperse en bólidos errantes.

También la tierra, este planeta opaco,
tendrá su hora final. No eternamente
ha de vivir, trazando sus elipses,
como ha vivido y vive en estos días
indiferente y sin temor. ¡Muy pronto
su infausto turno llegará! Los hombres
lo presentimos en la horrible duda
que nos devora el corazón, ya muerto
para el dios y la fe de nuestros padres.
La voz de esas confusas muchedumbres
que mata al hombre, las dolientes quejas
de millones de siervos desgraciados,
las injusticias, crímenes y vicios,
la sed de oro, el egoísmo torpe,
los ciegos apetitos de la carne,
han de formar por fin un alegato
para que Dios, desde su trono,
dicte una fatal y trágica sentencia.

    ¡Ha de llegar, oh miseros mortales
la hora terrible al fin! Desde el insecto,
hasta el águila altiva que se cierne
con majestuoso vuelo en las alturas,
donde habla el ronco trueno; desde el hombre
que vive en las ciudades populosas,
llenas de orgullo y de esplendor y vida,
hasta la fiera montaraz e hirsuta
que ruge en las cavernas de los bosques,
han de morir al mismo tiempo. Lava,
y fuego, y sangre, y peste, y granizo,
sobre la Tierra mandará el Eterno
ardiendo en justa, incontrastable cólera.
Y volcarán los mares; y los montes,
sacudidos por recio terremoto,
el equilibrio han de perder. La yerba,
y la mies, y la flor, y los robustos
árboles, y la choza, y el palacio,
como pavesas arderán. Y el mundo,
este mundo de esclavos y de reyes,
donde el hermano asesinó al hermano
con el traidor puñal, donde los hijos
mataron a las madres infelices
que les dieron el ser ,donde la infamia
fue más fuerte que todas las virtudes,
ha de salir de su órbita, lanzado
como una piedra que dispara la honda
de los guerreros bárbaros, y loco
rodará por los siglos de los siglos,
rompiendo los abismos insondables,
hasta que estalle en explosión grandiosa!

Después que mató a Abel,
el homicida huyó, marcada por Jehová la frente;
quiso apagar su sed en una fuente
y ésta, sus frescas aguas retiró.

El hambre las entrañas le mordía,
y al extender las manos temblorosas
hacia un gajo de frutas olorosas,
súbito el árbol su ramaje alzó.

¡Anda! —dijo una voz—. ¡Anda, maldito,
que a tu hermano le diste aciaga muerte!
¡Trazada está tu ignominiosa suerte:
errante y fugitivo siempre irás!

¡La simiente que echares en el surco
no ha de rendirte en la cosecha ciento!
¡En tu siniestra vida, ni un momento
ha de haber de consuelo ni de paz!

Tembló como azogado el hijo de Eva;
y, presa de infinito desconsuelo,
clamó, volviendo la mirada al cielo,
ennegrecido por la sombra de Él:

—Es muy justa tu cólera. No imploro
en mi terrible culpa tu clemencia;
mas, escucha, Señor: fue mi demencia
quien la vida quitó a mi hermano Abel.

Como si fueran lágrimas, cayeron
de lo alto algunas gotas crepitantes
en la tostada tierra. Amenazantes
relámpagos se vieron al confín.

Vibró otra vez la lengua formidable
sobre la innoble frente del proscrito.
¡Anda, sin detenerte! ¡Anda, maldito!
¡Y echó a correr el mísero Caín!

Cruzó bosques y todas las malezas
le azotaron las piernas fatigadas,
y un báculo sus manos desolladas
en balde pretendieron arrancar;

y caminaba así, sin rumbo fijo,
medroso y triste, de cansancio enfermo,
hasta que al verse en un ardiente yermo
se detuvo un momento a descansar.

Pero de pronto una sutil serpiente,
enroscada en la arena con sosiego,
¡Asesino! —silbole y huyó luego.
Caín, como demente, echó a correr.

Vagó otra vez por tenebrosos bosques
con su abatido cuerpo abriendo ruta,
hasta que al dar con una extraña gruta
se quiso en ella el mísero esconder.

Mas un león estaba allí durmiendo,
y al sentir penetrar al desgraciado,
rugió lleno de cólera: ¡Malvado!
¿Cómo te atreves a acercarte aquí?

El hombre huyó de la terrible fiera,
y dijo, llena el alma de amargura:
¡Voy a escalar una desierta altura,
no existe un ser que me conozca allí!

Subió a la helada cima de una enorme
montaña. A reposar por vez primera
iba, cuando gritole una altanera
águila, abandonando su mansión:

¡Caín! ¡Caín! ¡Caín! El vagabundo
oyó decir su nombre con espanto,
y de sus ojos áridos el llanto
fue a caer en las grietas de un peñón.

Y descendió y se fue por las campiñas
llenas de noche fría. Temeroso
de conocido ser, con su piel de oso
cubrió su espalda y ocultó su faz.

Rojas estaban todas las estrellas
siguiéndole del fondo del abismo,
y murmuró alentándose a sí mismo:
¿Quién me va a conocer con mi disfraz?

Y caminó en la sombra interminable,
acongojado por sus grandes penas;
y al sentirlo los lobos y las hienas
iban aullando con furor tras él;

y cuando abrió los párpados la aurora
pudo mirar, de fiera disfrazado,
a un hombre humildemente arrodillado
sobre la piedra tumular de Abel.

Lloraba. Mas sus lágrimas de fuego
al descender de sus siniestros ojos
empapaban la roca en tintes rojos...
Horrorizado el réprobo se irguió.

Y gruñendo y rugiendo como fiera,
envuelto en su salvaje vestidura,
quiso correr. De pronto en la espesura,
una flecha fatídica silbó.

Cuando llegó Lamech, que iba cazando,
a rematar la pieza derribada,
miró sobre la tierra ensangrentada,
al primer homicida agonizar.

Mesose los cabellos desgreñados
y a grandes gritos lamentó su suerte,
porque Dios dijo: al que le diere muerte
siete veces lo habré de castigar.

En el lugar siniestro en que enterraron
el cadáver del misero asesino,
viose crecer un solitario espino,
de su vida de horror símbolo fiel;

y entre rosas, violetas y jazmines,
de su verdor y su belleza ufano,
creció, sobre la tumba de su hermano
dándole sombra plácida, un laurel.

Siglos tras siglos fueron, cuando un día,
al ingresar en Sión sobre un jumento,
las hojas del laurel un pavimento
formaron a la entrada del Señor;

y de una rama del funesto espino,
obedeciendo al bíblico anatema,
los verdugos hicieron la diadema
que en las sienes llevara el redentor!

Poema con un final doloroso.

Los niños
tienen ojos muy tristes e ingenuos,
que nos hacen pensar hondamente
en todos los tristes misterios,
en todos los graves problemas
de la vida humana, que nadie ha resuelto.

Por eso miramos sus ojos
con un inquietante silencio,
que es una pregunta sobre lo que dicen
cuando están abiertos.

Unos son azules,
como el agua de un lago sereno
o como en las tardes de estío
un pedazo radioso de cielo,
o como una montaña imponente
a lo lejos.

Otros son profundos
y negros,
como algunos pozos
que abren los mineros
taladrando las capas de rocas
a fuerza de hierro, con brazos de hierro.

Los otros son verdes,
cual esos retoños postreros
que brotan los árboles
caídos y viejos,
que cubren parásitas grises,
raros terciopelos,
y que mina la lenta carcoma
del tiempo.

Esos ojos azules, o negros, o verdes,
a la luz abiertos,
valen más para todas las madres
que las gemas de extraños reflejos,
y los cubren, después de sus éxtasis,
de sonoros besos.

Mas dicen los ojos
con un elocuente silencio;
—¡Qué opaco y marchito es el mundo
que nosotros vemos!
¡Felices los hombres que nacen
a la vida ciegos!.

Entonces la Muerte,
que se halla en acecho,
se acerca de pronto a los niños,
que la ven sonriendo,
y cierra de un golpe sus cándidos ojos
con la punta glacial de sus dedos.

Bajo la negra y misteriosa arcada
de tus cejas olímpicas, parecen
tus ojos de paloma enamorada
flores de fuego que al brillar se mecen.
Tu helénico perfil que se diseña
de las medallas en el áureo fondo,
hace pensar al que medita y sueña
en algo etéreo y hondo.

El óvalo perfecto y cincelado
de tu faz, de mejillas pudorosas,
fue por Júpiter mismo modelado
en el molde del rostro de las diosas.

Tu boca, cáliz de divinas mieles,
de castos besos adorable nido,
teñida fue con sangre de claveles
con la punta del dardo de Cupido.

Por tu cuello —sostén de los hechizos
de tu gentil cabeza— relucientes
bajan tus suaves y opulentos rizos
como negras serpientes.

Tus hombros, que acarician tus cabellos,
son tan esculturales,
que dignos son de que descanse en ellos
la sien de los efebos inmortales.

Tu misterioso seno de alabastro,
donde el amor se inmola,
tiene el calor de un astro
y el vaivén compasado de una ola.

Muy grande le vendría
a tu gentil cintura inmaculada
el tibio ceñidor que formaría
con sus dedos un hada.
Tu mano primorosa,
más blanca y transparente que los cirios,
es manojo de lirios
coronados por pétalos de rosa.

Y tus formas de Diana,
que despiertan doquier celos y envidias,
no las soñó la inspiración pagana
del portentoso Fidias.

¡Oh pino, oh viejo pino de mi tierra,
que del monte en la cima culminante
alzas tu copa rumorosa y verde
meciéndote al impulso de los aires!

¿Cuántos años hará que no se atreven
los rayos de las nubes a tocarte,
como a los compañeros de tu infancia
que calcinados por el suelo yacen?

Ellos —en una noche tenebrosa
preñada de terribles tempestades—
alumbraron, ardiendo como teas,
la montaña y las sombras insondables.

Cruzaban mil relámpagos el cielo
como rojas culebras deslumbrantes;
todos los vientos en tropel rugían
como las fieras cuando tienen hambre.

Las negras cataratas de los cielos
dieron suelta a sus líquidos raudales,
y los profundos y espumosos ríos
se desbordaron por las anchas márgenes.

Las rudas alimañas de los bosques
huyeron a la cueva a refugiarse,
y el hombre mismo se entregó al espanto
bajo el techo que cubre sus hogares.

Al descorrer la aurora en el oriente
de su balcón los rojos cortinajes,
vio que los pinos que a tu lado estaban
no eran más que pavesas humeantes.

Mientras que tú, de la mortal catástrofe
testigo fiel, erguido te quedaste,
lleno de savia y robustez y vida
bañado por las luces matinales.

Más adherido a la infecunda roca
con la invencible garra de tus raíces,
cual si te hubiese vuelto aquella prueba
más fuerte, más viril y más pujante.

Te han visto así los soles y los años
sin que su huella en tu corteza graben;
te conocen las lluvias y los vientos,
las nubes y los pobres caminantes.

Viajero por los montes hondureños
erizado de escuetos peñascales,
muerto de sed y de cansancio, un día
me recosté al frescor de tu follaje.

En tanto, libre del poder del freno
y el agudo espolón del acicate,
mi hambriento potro alrededor pacía
la verde yerba que a tus plantas nace.

Una corriente cristalina y pura
que los declives que te cercan lame,
iba de precipicio en precipicio
como buscando en las cañadas cauce.

Llevando el seco polvo de las cumbres,
los agrestes aromas de los valles,
un rumoroso y gemebundo viento
pasaba desgarrando tu ramaje.

Así —apoyada a tu robusto tronco
la sudorosa sien— me halló la tarde:
náufrago de contrarios pensamientos,
perdido en las inmensas soledades.

Pensé en la triste suerte de mi patria
víctima eterna de la *ley del sable,*
en el destino que me guarda el hado,
en el hogar y en mis humildes padres.

Vertí con pena una rebelde lágrima,
condensación de todos mis pesares,
sin más testigos que el inmóvil bruto
y un solitario gavilán errante.

Después, grabando en tu áspera corteza
con un puñal mis letras iniciales,
bajé por las pendientes pedregosas
batiendo del caballo los ijares.

Los tiempos han corrido desde entonces
raudos sobre los dos, pero ¡quién sabe
si te levantes más altivo y joven
que aquella vez que sombra me brindaste!

No como tu cantor, que en la mañana
de su existir, empieza a doblegarse
al soplo de los vientos de la vida,
sin fuerzas, sin amor, sin ideales.

El cielo quiera que otra vez te mire
sobre las altas cimas de mis Andes;
que apoyada en tu tronco mi cabeza
de las fatigas y del sol descanse.

Y que si acaso el leñador un día
el hacha férrea para herirte blande,
vayas a ser en la pajiza choza
lumbre que alegre su feliz semblante.

Cubran tus hojas, como alfombra verde,
los atrios y las plazas y las calles;
o, convertido en asta, en un extremo
que flote de mi patria el estandarte.

No te conviertan las civiles luchas
en antorcha que incendie las ciudades,
ilumine matanzas fratricidas,
lívidos charcos de hondureña sangre.

Mas si el hombre y los rayos te respetan,
si el huracán sañudo no te abate,
quiero, al morir, que te derriben, oh árbol,
y que la sierra te divida en partes.

Que me construyan con tus pobres tablas
el ataúd donde mis huesos guarden,
y con tus ramas una cruz humilde
donde se posen a cantar las aves.

¿En qué lugar ignoto guardas a tus víctimas?

Mis ojos te han buscado
bajo la piel rugosa
de la hidra jadeante,
de la mar maternal,
cuando hinchaba su seno,
cubriéndose de espuma,
al influjo maligno de la atracción lunar.

Mas nunca vi asomarse
tu cabeza monstruosa;
ni al sonar de las olas
el confuso estertor,
miré que se agitara,
perdiéndose de súbito,
en el abismo verde
tu cola de dragón.

Sólo la enorme curva
marina se extendía,
como si fuera el vientre
de la tierra en preñez,
y una brisa —impregnada
de yodos y salitres—
como una ala agitándose
refrescaba mi sien.

¿En qué cueva marina
de broncos peñascales
has hecho tu nidada,
quimérico reptil?

¿En qué lugar ignoto
escondes a tu víctima,
hundiéndole tus largos
colmillos de marfil?

Pienso que allá, en el fondo
de las profundas aguas,
donde se modifica
la vida universal,
ondulas, en fantásticos
jardines de madréporas,
cerca al siniestro pulpo
y al gimnoto falaz.

Sobre las grandes rocas,
prendidas en las grietas,
en un trémulo claro,
mezcla de noche y sol,
erigen las anémonas
sus cálices sangrientos,
semejando del cactus
del trópico la flor.

Abren sus ABANICOS
chinescos las gorgonas;
radian sobre la arena;
las estrellas del mar,
y los musgos marinos
y temblorosos líquenes
fingen alguna gruta
o una arcada triunfal.

Vuelcan las explomarias
sus ánforas helénicas;
peces maravillosos
de llama o de rubí,
cruzan (como bandadas
de locos colibríes)
por sobre los nectarios
de un mágico jardín.

Cuando la noche baja,
la enorme noche negra,
chispean mil luciérnagas
en el líquido azul,
y la luna marina
—de ancho disco de plata—
derrama dulcemente
su fosfórica luz.

Y, en medio de aquel cuadro
—magnífico y sublime—
perdido en los abismos
del misterioso mar,
como la sierpe bíblica
en el manzano edénico
ciñes tu cuerpo al tronco
de un árbol de coral.

ADIÓS A HONDURAS

(Vapor COSTA RICA, 1892)

Voy a partir: ¡adiós! La frágil nave,
deslizándose suave
lanza a los cielos su estridente grito;
y el humo ennegrecido que respira,
en colosal espira,
asciende a la región de lo infinito.

Las alas de oro, lánguida y cobarde
pliega la mustia tarde
en la insondable cuenca del vacío,
como águila cansada que al fin toca
su nido en la alta roca
y se recoge, trémula de frío.

Quebrándose en el vidrio de los mares,
los destellos solares
las espumas blanquísimas inflaman;
y como hambrientas e irritadas fieras
—mordiendo las riberas—
las bravas ondas estallando braman.

El viejo sol, que su esplendor difunde
desde el ocaso, se hunde
con un nimbo de vivas aureolas;
el alción fatigado el ala cierra,
y se aduerme la tierra
al sollozar de las hinchadas olas.

¿Por qué, por qué con la mirada incierta
sigo, desde cubierta,
la dirección del puerto de Amapala,
si el vapor, con seguro movimiento,
sobre el blando elemento
en busca de otras playas se resbala?

¡Oh, tarde melancólica! ¡Oh, astro
que luminoso rastro
dejando sobre el mar, en él te hundiste!
¡Oh, vagabundas nubes! ¡Oh, rumores:
afanes punzadores
llevo en el alma, dolorida y triste!

No es el amor el que a sufrir me obliga
y el corazón me hostiga
al despedirme de mi tierra ruda;
ni la ciega ambición desenfrenada
que a la mente exaltada
cual venenosa víbora se anuda.

Es un oculto y hondo sufrimiento,
algo como un lamento,
el recuerdo de lúgubres escenas,
el horrible chocar de los cuchillos,
el roce de los grillos
y el siniestro rumor de las cadenas.

¡Qué triste es ver que el cóndor de la cumbre
al foco de la lumbre
vivífica del sol el ala tienda,
y de repente, al mutilarlo un rayo,
en tremendo desmayo
en espantosa rotación descienda!

Como ese cóndor del crestón bravío
el noble pueblo mío
movió a la libertad las grandes alas,
y al remontarse a coronar su anhelo
un audaz tiranuelo
se las ha cercenado con las balas.

Así cual de la flor, rica en esencia,
manchan con su excrecencia,
el purísimo cáliz los insectos,
han deshonrado el hondureño solio
—con torpe monopolio—
mandatarios estúpidos y abyectos.

¡Oh, pobre patria! El que de veras te ame,
en indolencia infame
no mirará el ridículo sainete,
sin que encamine, trágico y austero,
el paso al extranjero o a los histriones con las armas rete.

Por eso en tus fronteras montañosas
sobre olvidadas fosas
que baña el sol con sus ardientes luces,
contempla el caminante, entre zarzales
y abruptos peñascales,
alzarse al cielo solitarias cruces.

Yacen allí, tras las batallas cruentas,
las torvas osamentas
de tus hijos más dignos y valientes,
y que rodaron, en su rabia loca,
de una roca a otra roca
el cartucho mordiendo entre los dientes.

¡Ay! A pesar del largo despotismo
que te empuja al abismo,
a la nostalgia sin hallar remedio,
mares cruzando y anchos horizontes,
tornamos a tus montes
porque nos mata un incurable tedio.

Vi humillada en el polvo la bandera,
extinguida la hoguera
del patriotismo, alzados los protervos,
hundido el pueblo en vergonzosas cuitas,
las águilas proscritas
por una banda de voraces cuervos.

Vi… ¿Mas pudiera el pensamiento mío
describir el sombrío
lúgubre cuadro de baldón y mengua
que me llenara de indecible espanto?
¡Vigor falta a mi canto
y siniestros vocablos a mi lengua!

Cuando enaltece al déspota triunfante
la poesía vibrante,
es triste objeto de irrisión y mofa.
¡Para el infame que a su pueblo abruma
con el terror, la pluma
puñal se vuelva, y bofetón la estrofa!

Los que sufrís en ocio envilecido
sin lanzar un rugido
el látigo ominoso del verdugo,
¿por qué lloráis? ¡Bien merecéis, menguados,
ser vosotros atados
como los bueyes al innoble yugo!

Pero ¡qué exclamo! Perdonadme, amigos,
que impasibles testigos
no fuisteis nunca de la patria ruina,
porque habéis muerto con valor sereno,
coméis un pan ajeno
o sufrís en hedionda bartolina.

Perdonadme también los que entre crueles
burlas, en los cuarteles,
atados de los pies y de los brazos,
con fieros palos y con golpes rudos
de los cuerpos desnudos
la carne os arrancaron a pedazos.

¡Y tú también perdóname, oh robusta
juventud, que a la justa
ira cediendo, entre el común asombro,
llevaste a cabo insólitas hazañas
luchando en las montañas
muerta de hambre y el fusil al hombro!
De la ciudad al triste caserío
despertó al fin el brío,
a tu voz, de los hijos de mi tierra;
y en sus bases graníticas sentados
los montes enriscados
tu ronco grito repitieron: ¡guerra!

¿Por qué fue en balde el temerario arrojo
con que en sublime enojo
el pecho diste a la mortal metralla?
¡Ahora que triste la mirada giro
en derredor, te miro
sin sepulcro en los campos de batalla!

¿Qué fue de aquellos que estreché las manos,
que quise como hermanos
en otros tiempos y mejores días?
¿Dónde están? ¿Cuántos son? ¿Por qué se vedan?
¡Ay! De ellos sólo quedan
ilustres sombras y osamentas frías!

¡Todos murieron en la lucha fiera
al pie de su trinchera,
víctimas nobles de un brutal encono;
y hoy en Honduras, cometiendo excesos,
alza, sobre sus huesos,
un despotismo asolador su trono!

A los malvados que a su pueblo oprimen
con el crimen, el crimen
ha de poner a sus infamias coto,
o volarán, odiados y vencidos,
del solio, conmovidos
por un social y breve terremoto.
Vendrá la redención... Me voy en tanto.
La noche tendió el manto
por la callada inmensidad del cielo,
y cual del sol enamorada viuda
melancólica y muda
vierte la luna un resplandor de duelo.

La fresca brisa con su beso alivia
mi frente que arde, y tibia
aspiro una ola lánguida de aromas.
¡Efluvio de mis rústicos alcores!
¡Hálito de mis flores!
¡Emanaciones de mis verdes lomas!

    Queda la Isla del Tigre tras la quilla
del vapor; el mar brilla
salpicado de espumas luminosas,
que se encadenan y que forman luego
mil culebras de fuego
sobre las negras aguas temblorosas.

"Serás mía toda una eternidad".

En la alta noche, cuando el mundo duerme
en completa quietud;
cuando los foscos genios de las sombras,
que aborrecen la luz,
sus membranosas alas de murciélago
abren bajo el capuz,
que encierra este planeta miserable
como un ataúd:
cuando el insomnio irrita nuestros ojos
cargados de sopor;
cuando parece caminar muy lenta
la aguja del reloj:
cuando en el aire de repente dice
nuestro nombre una voz;
cuando nos tienta una invisible mano
causándonos terror:
cuando la sangre a la menor sorpresa
golpea nuestra sien,
y contenemos nuestro aliento tímido
ignorando por qué;
cuando una negra turba de recuerdos
nos hostiga cruel,
y anonadarse sin dolor sentimos
nuestro embotado ser:
cuando la orquesta de los grillos lanza
su chirrido sin fin,
y tras la blanda venda de los párpados
mira el ojo febril
fosfóricos fantasmas y visiones
lentamente surgir
de un abismo confuso y visionario
en enjambre sutil:
he meditado en el amor aciago,
en el amor fatal,
con que ligó nuestras opuestas almas

          la ciega adversidad;
en el amor que fue nuestro tormento,
          que siempre lo será;
en el amor que tan variable te hizo,
          que me hizo tan falaz.

     En el amor que me lanzó en los brazos
          del pesimismo atroz,
que pensar me hizo que la vida humana
          no era más que dolor,
no era más que una pena continuada,
          una horrenda expiación,
una terrible burla del destino,
          un engaño de Dios...
Han venido después a mi memoria
          los sarcasmos de Heine,
las amargas blasfemias de Lord Byron,
          en medio del placer;
la infinita tristeza y los dolores
          del pálido Musset;
las penas de Leopardi y los sombríos
          versos de Beaudelaire.
Entonces he querido anonadarme
          sin saber lo que fui,
morirme lentamente, lentamente,
          sin gozar ni sufrir;
sin saber cómo vine a este planeta,
          cómo me voy al fin;
sin saber si tuve alma o no la tuve,
          si viví o no viví.

Aunque se oponga con empeño el mundo
        a mi ciega pasión;
aunque abra de rencores un abismo
        muy hondo entre los dos;
aunque llegues a odiarme hasta la muerte
        y a odiarte llegue yo,
nuestras dos almas estarán unidas
        por un eterno amor.
Puedes con ira maldecir mi nombre
        o burlarte de mí;
puedo también en mi terrible enojo
        tu nombre maldecir;
podemos execrarnos ante todos
        con odio fin;
más nuestros corazones en secreto
        mucho habrán de sufrir.
En el árbol frondoso de la vida,
        ante un hermoso sol,
formar pensamos nuestro nido. El viento
        el nido arrebató;
y al ver que nuestras almas todavía
        se amaban con pasión,
pudo la envidia colocar entre ambos
        un abismo: el rencor.
Sigue por tu camino. Todavía
        que me quieres lo sé;
mi recuerdo será de tu recuerdo
        eternamente fiel.
Yo voy por las estepas de la vida
        sin ilusión ni fe;
amémonos... mas ya no en este mundo
        ¡eso no puede ser!

¡Si el destino inclemente y sin entrañas
        nos pudo separar,
y nunca, nunca te tendré en mis brazos
        ni besaré tu faz,
nos hemos de morir y en otra parte
        los dos hemos de estar,
donde, yo te lo juro, será mía,
        toda una eternidad!

"¡Oh, manos imposibles!"...

"¡Oh, manos imposibles!".

Manos liliales. Manos
como hostias consagradas
que en las secretas misas
del amor adoré;
manos en una nieve
radiosa cinceladas,
que fui el primero y último
que en la vida besé.

Manos lácteas que fueron
más puras que el armiño,
que tantas veces puse
sobre mi corazón;
manos como las manos
de un ángel o de un niño
manos como las manos
de Juana de Aragón.

Manos mías que tuve
entre las manos mías,
en los tranquilos éxtasis
de amoroso solaz;
en cuyas suaves palmas,
en mis horas sombrías,
hundí, desesperado,
la descompuesta faz.

¡Oh, manos imposibles!
¡Oh, inolvidables manos
que calmasteis, tocándome,
mis fiebres de dolor!
¡Hoy en la fosa os comen
famélicos gusanos,
sin que bañaros puedan
mis lágrimas de amor!

    ¡Oh, manos descarnadas
y amadas! Que mi suerte
a vuestro lado quiera
mi sepultura abrir,
para que así las manos
de la divina Muerte
os puedan con mis manos
eternamente unir!

*Responso cantado en la velada
de 20 de septiembre de 1905.*

Loor al dulce poeta. Alabemos a Reyes
porque llenó las almas con su cristiana luz;
y supo mostrar siempre a las humildes greyes
el poder de la lira y el poder de la cruz.

I

Cantó a la Virgen pura
que a Jesús concibió;
lirio de Galilea,
rosa de Jericó.

II

A los alegres ángeles
que por la inmensidad,
volaron en la clara
noche de Navidad.

III

A los divinos magos,
con su fe por sostén;
a los pastores rústicos,
al astro de Belén.

IV

Su verso era una rosa,
su canto era un rosal,
su numen un sonoro,
gárrulo manantial.

V

Su alma era una paloma
que, después que cantó,
sobre su lira rústica
gimiendo se durmió.

VI

Lloremos al patriarca,
al sacerdote fiel
grato como la leche,
dulce como la miel.

VII

Que sobre su sepulcro
brille la eterna luz,
y se entrelacen siempre
la lira con la cruz.

Loor al dulce poeta. Alabemos a Reyes
porque llenó las almas con su cristiana luz;
y supo mostrar siempre a las humildes greyes
el poder de la lira y el poder de la cruz.

Buen herrero: sobre el yunque
con tu martillo golpea,
aplastando el rojo hierro
que la tenaza sujeta,
y haciendo surgir al choque
un aguacero de estrellas.

Pláceme verte en tu fragua,
en tu ciclópea caverna,
al resplandor del incendio
que lame tu faz morena,
enseñando esos dos bíceps
que envidiaran los atletas,
y ese pecho de centauro
por la camisa entreabierta.

Forja el arado potente
que rompe la virgen tierra,
para que caiga en su seno
el germen de la cosecha;
forja la hoz que abate a tiempo
las rubias mieses que ondean,
mieses que irán a hacinarse
en las trojes opulentas;
forjar la aguda cuchilla
que al bravo toro degüella
haciendo saltar a chorros
la sangre de sus arterias;
forja la sierra dentada
que en los bosques y en las selvas,
derriba los grandes árboles
donde el rayo culebrea;
forja el hacha poderosa
para que los troncos muerda,
y saque de sus entrañas

el techo de una vivienda;
forja la espada terrible
que en la lucha, ardiente y fiera,
los agravios nacionales
lanzando reflejos venga;
forja el puñal, mas no forjes
esa arma aleve y siniestra,
si se ha de volver un día
una amenaza perpetua
de corazones honrados
y de espaldas indefensas.

Tú —de la prensa— paladín gallardo,
lanzándote a luchar contra ti mismo,
clavaste —arquero vigoroso— un dardo
en la frente del rudo fanatismo.
En pos de otros anhelos superiores
suben tus pensamientos atrevidos,
como a la cima llegan los cóndores
para esconder sus solitarios nidos.

Creyente no eres de un humano rito,
pero no eres ateo. Tu cabeza
bajo el tranquilo azul del infinito
se inclina ante la gran Naturaleza.

¡Dios, lanzando al abismo su mirada,
ceñidos entre mares de arreboles,
hizo surgir del éter, de la nada,
regueros de planetas y de soles!

¿Y quién es Dios?.- La voluntad que encuentro
girar haciendo con divina calma:
el astro siempre alrededor de un centro
y el alma siempre alrededor de otra alma.

Dios es poder oculto que subyuga
a transformarse, por ignota clave,
en mariposa espléndida la oruga,
el tallo en árbol, como el huevo en ave.

¡Dios es el Todo, la atracción suprema,
del Cosmos vida, universal murmullo,
océano de luz, hondo problema,
incendio y chispa, tempestad y arrullo!

Tiene su iglesia: es el espacio inmenso;
un órgano, ese mar que le salmodia,
en la neblina matinal su incienso
y en el sol su magnífica custodia.

A la manera del Marqués de Santillana. Para Otilia.

Tras verdes alturas,
allá, en su campiña,
me aguarda la niña
MÁS LINDA DE HONDURAS.

Veinte años apenas
tiene la donosa,
la de tez de rosa,
manos de azucenas.
Es toda dulzuras,
tal como la piña
en sazón, la niña
MÁS LINDA DE HONDURAS.

En la primavera
la halló mi destino,
yendo de camino
por una pradera,
en pos de aventura
de amor o de riña,
y dije: —"es la niña
MÁS LINDA DE HONDURAS!"

Bajó sin enfado
la mirada al suelo
cual si el mismo cielo
descendiera al prado
de moras maduras,
donde se encariña
jugando, la niña
MÁS LINDA DE HONDURAS.
Dijo: —"Caballero
(alzando la faz),

no turbes la paz
que hay en mi sendero.
Otras hermosuras
vuestro brazo ciña
yo no soy la niña
MÁS LINDA DE HONDURAS".

—"Aunque emperador
fuera o alto rey,
por divina ley
te rindiera amor,
si seguirme juras
do estará la niña
MÁS LINDA DE HONDURAS".

En el dulce ambiente
oloroso a flores,
entre los alcores
cantaba una fuente
sus églogas puras
a aquella campiña
diciendo: —"Es la niña
MÁS LINDA DE HONDURAS".

Con su boca que era
de rocío y miel,
boca de clavel,
borró la hechicera
las hieles impuras
que mi labio apiña;
tal hizo la niña
MÁS LINDA DE HONDURAS.

En mi soledad
pienso siempre en ella,
porque, como aquélla,
no habrá otra beldad,
que, en tardes futuras,
allá, en su campiña,
me ame cual la niña
MÁS LINDA DE HONDURAS,

Al expirar la desgraciada niña
       ni un lamento se oyó,
sólo una golondrina en un alero
       muy triste se quejó.

Ni una lágrima tierna al enterrarla
       fue la tierra a mojar,
sólo la aurora derramó en su huesa
       su llanto matinal.

Ni una corona, ni una flor sencilla
       en su tumba se ve,
sólo, quizá arraigando en sus entrañas,
       ha brotado un ciprés.

¡Todos han olvidado ya a la huérfana
       que yace en el panteón,
sólo, para que viva en este mundo,
       nunca la olvido yo!

Al contármelo, en el alma
       sentí una pena infinita,
y llorando te maldije;
       te maldije, vida mía;
pero al mirar en tu rostro
       tu casta y dulce sonrisa,
dije con voz temblorosa
       que la indignación subía:
¡No es posible lo que cuentan!
       ¡Lo que cuentan es mentira!

Dicen que rompes en burlonas risas
            cuando te hablan de mí,
y yo también me suelto en carcajadas
            cuando me hablan de ti.
De esta manera no se sabe a fijo
            quién tiene la razón,
mas, si quieres saberlo, pon la mano
            sobre tu corazón.

¡Aunque alevosamente
            me insultas por detrás con voz airada
cediendo al aguijón de tus enojos,
            bien sabes que si clavo en esa frente
un momento siquiera la mirada,
            pálida y triste bajarás los ojos!

LOS CUATRO BUEYES

Junto al Parque de Bolívar
se ven cuatro bueyes, cuatro
animales melancólicos,
lamentablemente flacos,

uncidos a dos carretas
grandes, con cajas y fardos,
y con las patas hundidas,
inmóviles, en un charco.

El parque está triste y solo,
muy triste y muy solo, tanto
que semeja una necrópolis
cerrada hace muchos años.

¿Entre los árboles húmedos,
parece que están llorando,
no son nichos los asientos
de piedra, los duros bancos?

Viene un olor de cipreses,
un perfume funerario,
del húmedo Parque viene
un algo de tumba, un algo

de muerto, de los follajes
de ese jardín solitario,
en esta tarde de duelo,
en esta tarde de llanto,

que envuelve en un gran suspiro
a los pobres bueyes flacos,
y al melancólico Parque
que parece un camposanto.

Pasa un transeúnte de prisa
de su paraguas debajo,
y un rapaz —travieso y loco —
también pasa, a grandes saltos;

y una mujer miserable
que regresa del mercado,
y un cartero; y una joven
con un chal azul y blanco,

y una linda señorita,
toda gracia y todo garbo
con música en los tacones
y sonrisas en los labios,

y en los ojos alegría
y un ramillete en las manos.
Mas nadie vuelve los ojos
compasivos a los cuatro
miseros bueyes, que yacen
inmóviles sobre el charco,
uncidos a sus carretas,
llenas de cajas y fardos,
con las pupilas extáticas
en el áspero empedrado,
que han recorrido mil veces
en su doliente calvario,

bajo la lluvia y el viento,
y el grito y el arponazo
de un hombre que tiene menos
alma que sus bueyes flacos,

borrosos en el crepúsculo
que va cayendo de lo alto.
Sueñan los bueyes. La lluvia
moja sus lomos cansados,

y sus testuces que oprime
el yugo, y sus cuernos altos,
y sus orejas que saben
del aguijón de los tábanos.

Sueñan los bueyes. Sus ojos
se reflejan en el charco,
llenos de dulzura, con
las visiones de los campos,
verdes y tibios, a la hora
sugestiva del ocaso,
en que un matiz de violeta
tiñe los bosques y prados,

y los senderos de hojas
y los arroyos y pastos,
y el corral, en donde mugen
con un tono dulce y blando,

llenos los ojos profundos
de toda la paz del campo.
Y, en esta tarde lluviosa,
fijos en el empedrado,

sienten un odio implacable
por su vida de trabajo;
por la ciudad, con sus casas,
llenas de bultos y fardos,

con su rumor de tranvías,
con sus postes telegráficos,
con su trajín y su bulla,
y su mentira y su escándalo.

y el estruendo de sus trenes,
y sus coches charolados,
que no valen lo que vale
la placidez de los campos,

el monólogo del río,
la dulce flauta del pájaro,
el limpio azul de los cielos
y la libertad del prado.

Hermano soy en la pena
miseros bueyes, hermano
de vosotros. Tengo el alma
triste de muerte. Soñando

muero. Soñar es mi culpa
de la vida sobre el charco,
con un existir más dulce,
un mundo más aromático,

Lejos, muy lejos en un
rincón, risueño y arcádico,
donde la naturaleza
dé a mi cerebro descanso,

y me vuelva como un dulce
manantial, alegre y claro,
y mi alma se torne fuerte
y sencilla como el árbol.

Hermano soy en la pena,
míseros bueyes, hermano;
mas es en balde que sueñe
como vosotros. Tirando

siempre estaremos. Vosotros,
de una carreta con fardos,
y yo del orbe sombrío
de mi espíritu fantástico.

Muere la tarde. Y el fakir soñando sigue.

Con el enclenque cuerpo enflaquecido
(violín de los histéricos espasmos),
que en todas las mezquitas musulmanas
columpiose en las filas de fanáticos
al compás de las tristes mandolinas
y los tambores de redobles ásperos,
está un fakir, un viejo miserable,
sobre la arena cálida sentado,
con los ojos proféticos abiertos
y los brazos inmóviles en alto.

El sol poniente —un rojo sol de Argelia—
le pone un nimbo en los cabellos canos,
riega de brasas la arenosa orilla,
orla de flecos de oro los andrajos
del mendigo. Los cálidos alisios
soplan en los recodos de guijarros;
el mar se calma en su profunda siesta
con la tranquila languidez de un lago;
y el fakir, en la orilla desolada,
con los brazos inmóviles en alto,
sueña, al influjo del hachís y el opio,
sueña un sueño terrible... largo... largo....

Sueña que toma las sagradas rosas
entre sus dedos trémulos y flacos,
y que imprime en sus pétalos de sangre
con sed ardiente sus marchitos labios,
sus labios que han herido las espinas,
y las tenaces moscas han picado.

Sueña que cien puñales relucientes
al compás de cien rudos martillazos,
penetran en sus carnes doloridas
como si fueran encendidos clavos;
que pasa por el filo tembloroso
de un sable de las fraguas de Damasco,
y que está sostenido en las alturas
entre las garras de punzantes garfios.

¡Sueña que los puñales se desprenden
de su doliente cuerpo ensangrentado,
y que se agitan a sus pies, y luego
que se van lentamente transformando
en viscosas serpientes, en serpientes
que enroscan sus anillos a sus brazos,
a su cuello, a sus piernas y a su vientre!

El inmóvil fakir sigue soñando,
sueña que ya murieron muchos días,
muchos meses, que han muerto muchos años,
y que sigue en la orilla desolada
con los brazos inmóviles en alto;
y que sus brazos se volvieron ramas,
y que su torso miserable y flaco
se convirtió en un tronco, y que en el suelo
sus piernas anquilóticas entraron
y se hicieron raíces y que él era
sobre la tierra envejecida, un árbol.
¡Un árbol! ¡Mas sin hojas y sin frutos,
y sin savia y sin flores, y sin pájaros,
un árbol que vencieron los alisios
y que cayó en la tierra desgajado,
y convirtióse en polvo lentamente
y después en granítico peñasco,
inmóvil, en la playa interminable!

Muere la tarde. Y el fakir soñando
sigue, frente a la noche que desciende
ante sus ojos, como enorme albatros,
abatiendo las alas silenciosas
sobre el sonoro mar ya alborotado....
¡Y el fakir, en la orilla... sueña.... sueña,
con los brazos inmóviles en alto!

Extiéndese el crepúsculo
—como una gran angustia—
sobre una anciana selva del África del Sur.
Hay un temblor de hojas
en los medrosos árboles,
y cual —pájaro herido—
agoniza la luz.

A la distancia cruzan, estirando los cuellos,
los silenciosos buitres
con solemne volar;
junto a un túrbido arroyo
están agazapados
dos leones, en acecho, desde un cañaveral.
Son hermosas las bestias.
(Una es macho y otra hembra).
Mirase entre los claros de verdura su piel,
piel que fuera una clámide digna de las espaldas
de un Hércules bravío de la Natura rey.
Tienen el tórax fuerte
la faz ancha y soberbia;
(el macho una melena del cuello alrededor).
y las inquietas colas, con que la yerba barren,
estallan en un áspero
y velloso mechón.
Entre las hojas muestran los húmedos hocicos;
husmean el paraje con la roma nariz;
y —listo el ágil tronco para saltar—
aguardan,
a favor del crepúsculo,
lo que está por venir.
Tres esbeltas jirafas se mueven a lo lejos,
abriéndose camino por espeso juncal;
mas huyen.

Una rápida fuga de panteras
(por las manchadas pieles) semejan por detrás.
Luego un búfalo asoma
con la cerviz en arco,
abrasadas las fauces
por hidrópica sed.
De súbito se para...
investiga de lejos....
y escapa fugitivo
de la selva a través.

Una linda manada de antílopes, llevando
al frente un viejo guía, un desconfiado orix,
avanza con cautela...
A prodigiosos saltos
huyeron, el peligro mortal al presentir.

Gruñeron las dos fieras cuando llegó la noche,
una africana noche de salvaje pavor,
y brillaron sus ojos terriblemente,
como
entre la negra fragua
lucífero carbón.

Y de pronto —acercando sus fauces a la tierra—
rugieron (aquel trueno hizo el bosque gemir),
y, a través de la selva, solemnemente huraña,
a grandes trancos fuéronse en busca del cubil.

Este poema está en otro nivel.

Del ancho mar sonoro fui un pez en los cristales,
que tuve los reflejos de gemas y metales.
Por eso amo la espuma, los agrios peñascales,
las brisas salitrosas, los vividos corales.

Después, aleve víbora de tintes caprichosos,
magnéticas pupilas, colmillos venenosos.
Por eso amo las ciénagas, los parajes umbrosos,
los húmedos crepúsculos, los bosques calurosos.
Pájaro fui en seguida en un vergel salvaje,
que tuvo todo el iris pintado en el plumaje.
Amo flores y nidos, el frescor del ramaje,
los extraños insectos, lo verde del paisaje.

Torneme luego en águila de porte audaz y fiero,
tuve alas poderosas, garras de fino acero.
Por eso amo la nube, el alto pico austero,
el espacio sin límites, el aire vocinglero.

Después, león bravío de profusa melena,
de tronco ágil y fuerte y mirada serena.
Por eso amo los montes donde su pecho truena,
las estepas asiáticas, los desiertos de arena.

Hoy (convertido en hombre por órdenes obscuras),
siento en mi ser los gérmenes de existencias futuras. Vidas
que han de encumbrarse a mayores alturas,
o que han de convertirse en génesis impuras. de

¿A qué lejana estrella voy a tender el vuelo,
cuando se llegue la hora de buscar otro cielo?
¿A qué astro de ventura o planeta de duelo,
irá a posarse mi alma cuando deje este suelo?

¿O descendiendo en breve (por secretas razones),
de la terrestre vida todos los escalones,
aguardaré, en el limbo de largas gestaciones,
el sagrado momento de nuevas ascensiones?

Inviernos fatídicos
y enormes del polo,
donde el escorbuto taladra los huesos
y los navegantes viven como locos;

necrópolis viejas
entre muros rotos,
donde esperan los muertos que suene
el Ángel del Juicio su clarín sonoro;

extraños jardines
de los manicomios,
donde vagan los tristes reclusos
recitando inconexos monólogos;

cruces olvidadas
de maderos toscos,
que señalan lugares de crímenes
y que nadie les pone un adorno;

fríos hospitales,
abiertos a todos,
impregnados de olores de pócimas,
que llenan enfermos de lívidos rostros;

féretros que clavan
martillos monótonos,
mientras lloran los huérfanos niños
con su madre en el cuarto mortuorio;

campos de batalla
donde ronda el odio,
que —en la trágica noche— llenaron
lamentos confusos, ayes angustiosos;
                ensenadas pérfidas,
insaciables golfos,
donde el pulpo —esa araña monstruosa y horrible—
acecha a los náufragos que ruedan al fondo:

                tumbas de tres meses,
pestíferos focos.
en que los gusanos devoran las carnes,
saciándose en ellos con lúgubre encono;

                desiertos sin límites,
sin sombras ni pozos,
que han envuelto, al rugir los simunes,
a las caravanas con olas de polvo;

                planchas insensibles
de los anatómicos.
donde sufre la autopsia el cadáver
con sonrisa amarga y espantados ojos;

                cubiles de fieras,
cubiles hediondos,
en que están hacinados los huesos,
con que juegan los tiernos cachorros;

                solitarias ruinas
de tiempos remotos
donde vuelan las aves nictálopes
y las víboras tienen sus hoyos;

    ventisqueros trágicos,
pasos alevosos,
donde caen los viajeros de súbito,
al cielo impasible pidiendo socorro:

    ciénagas inmóviles,
pantanos verdosos,
donde sueña la fiebre, en su lecho
de nenúfares, algas y lotos:

    negros arrecifes
y aleves escollos,
donde han ido a estrellarse las naves,
con la angustia y el pánico a bordo;

    minas siberianas,
laberinto y pozos
que han mirado la lenta agonía
de ilustres vencidos en lances heroicos;

    almenas malditas,
garfios llenos de óxido,
que exhibieron las mustias cabezas
que decapitaron los alfanges corvos;

    patíbulos viles,
banquillos de oprobio,
que empaparon la sangre y las lágrimas
de las inocentes víctimas del odio:

    ¡Qué capricho lúgubre,
—reflejo simbólico
del dolor humano— pintara un artista,
con la muerte danzando en el fondo!

Ojos terribles y puros
que me lanzáis el reproche,
ojos que sois cual la noche,
que sois cual la noche oscuros
ojos que miráis seguros
luz derramando en derroche:
¡plegad los párpados, broche
de esos radiantes luceros,
no me miréis tan severos,
ojos que sois cual la noche!

Ojos que de extraña suerte
me hacéis vivir o morir;
ojos que me dais vivir
para causarme la muerte;
en vano pretendo fuerte,
vuestro yugo sacudir:
¡ya no puedo resistir
esta esclavitud amada!
¡Matadme de una mirada
ojos que me hacéis vivir!

Ojos que lanzan centellas
para ofuscarse ellos mismos;
ojos que sois dos abismos
donde brillan dos estrellas;
ojos de pupilas bellas
y de extraños magnetismos,
¡por obscuros fatalismos
que no me acierto a explicar,
os vuelvo siempre a mirar,
ojos que sois dos abismos!

Si por volveros a ver
me causáis penas mortales,
ojos que sois dos puñales,
víctima vuestra he de ser,
¡no me importa padecer
sufrimientos eternales
si las causas principales
de mis penas merecidas
serán vuestras mil heridas,
ojos que sois dos puñales!

Una tierra olvidada en un cerúleo piélago,
como eslabón perdido de un remoto archipiélago,
una tierra olvidada en un cerúleo piélago.

Una isla misteriosa, una feliz quimera,
gozando de una dulce y opima primavera,
una isla misteriosa, una feliz quimera.

Donde jamás anclaron sus carabelas cautas
—en busca de tesoros los blancos argonautas—
donde jamás anclaron sus carabelas cautas.

Ni brillaron las hojas de sus rudos aceros
entre sus platanares y verdes cocoteros,
ni brillaron las hojas de sus rudos aceros.

Ni el eco belicoso de sus claros clarines
turbó la paz eglógica que reina en sus confines,
ni el eco belicoso de sus claros clarines.

Ni vio flotar al viento, sobre su costa brava
un pendón purpurado o una bandera flava,
ni vio flotar al viento, sobre su costa brava.

Una isla misteriosa, una tierra sin nombre,
que nunca han deshonrado los crímenes del hombre, una isla
misteriosa, una tierra sin nombre.

Bajo el follaje umbroso de los llorosos sauces
los manantiales corren dulcemente en sus cauces,
bajo el follaje umbroso de los llorosos sauces.

Extraños caracoles de marfil y de rosa
el mar riega en su playa tranquila y melodiosa, extraños
caracoles de marfil y de rosa.
Antílopes de grandes miradas femeninas,
retozan en los claros de florestas divinas,
antílopes de grandes miradas femeninas.

Y de las grandes lunas a los argénteos brillos
pacen los verdes tréboles o los dulces tomillos,
y de las grandes lunas a los argénteos brillos.

Los árboles dobléganse rindiendo sus tributos
al peso de sus dulces y sazonados frutos,
los árboles dobléganse rindiendo sus tributos.

Pájaros fugitivos atraviesan sus ramas
como joyas con alas o fugitivas llamas,
pájaros fugitivos atraviesan sus ramas.

En sus celestes lagos poblados de rumores
agítanse los peces de vívidos colores
en sus celestes lagos poblados de rumores.

O se oye en sus perdidos recónditos parajes
el grito con que aucean los ánades salvajes,
o se oye en sus perdidos recónditos parajes.

La huella de la garra retráctil de las fieras
jamás se vio en sus bosques, cañadas y praderas,
la huella de la garra retráctil de las fieras.

Ni el crótalo mortífero con lindeces de oro
movió entre los arbustos su apéndice sonoro ni el crótalo
mortífero con lindeces de oro.

Ni un ave de rapiña, terror de los apriscos.
amenazó las cabras que juegan en los riscos,
ni un ave de rapiña, terror de los apriscos.

Ya descendió la noche silenciosa
cubriendo con su sombra la sabana;
y óyense allá a lo lejos los mugidos
con que llenan los vientos las vacadas.

En el confín del horizonte vago
que sobre el cielo túrbido se ensancha,
tras las dolientes brumas de la tarde
dibújanse las áridas montañas.

Del fondo de los negros precipicios
surgen los viejos pinos cual fantasmas;
y al rumor del galope del caballo
se estremecen las breñas azoradas.

Llévase el viento los profundos ecos
del cercano torrente, que sus aguas
deshace en copos de nevada espuma
al azotar las conmovidas lajas.

En tanto yo, rompiendo las tinieblas,
devorado por íntimas nostalgias,
dejo, tras las llanuras y los bosques,
un hogar, una madre y una patria.

A ISMAEL

(En su matrimonio).

Ismael:
grata cosa es el amor,
cual el vino, cual la miel;
          pero en él
hay su parte de dolor.
          Hermano:
          de la mano
lleva a tu dulce varona
hacia el porvenir lejano,
y téjele una corona
en el jardín de Pomona,
junto al lírico manzano.
Fuente sé de la alegría
          de María
que te la da en regalía
          el buen Dios;
cántale la letanía
del amor; canten los dos.
          Ella es pía;
toda gracia y gentileza;
tú eres bueno y eres noble,
sé para ella como un roble
donde apoye su cabeza
cuando amenace la racha,
y que no haya traidora hacha
que se clave en tu corteza.
          Con
noble afán te felicito,
de verdad, de corazón,
corazón medio marchito
de paloma y de león.

Joven, goza de tu abril
fragante; y no lo derroches,
que son muy cortas las mil
               y una noches.

Este consejo de bien
te lo da —en sus desengaños—
quien al cumplir los treinta años
ha vivido más de cien.

Ama la miel del panal,
y la leche del alcor,
y el agua del manantial,
y el libro que da vigor
               mental.

Y ama también el amor
sano, fresco, natural,
amor que tenga el horror
de los jardines del mal.

El casto verso de amores
que aquí el trovador te deja,
parecerá rubia abeja
susurrando entre las flores.
Inundará de rumores
este álbum primaveral,
y una aurora virginal
irá, de ansiedades loca,
a refugiarse en tu boca,
como si fuera un panal.

¡Viviese yo en los tiempos esforzados
de amores, de conquistas y de guerras,
en que frailes, bandidos y soldados
a través de los mares irritados
iban en busca de remotas tierras!

¡No en esta triste edad en que desmaya
todo anhelo —encumbrado como un monte—
y en que poniendo mi ambición a raya
herido y solo me quedé en la playa
viendo el límite azul del horizonte!

¡Ruth Mayorga Rivas! dan
en llamarte, serafín
del cielo que, con afán,
ha logrado hacer Román
para entoldar su jardín

amoroso; su vergel
de ensueños primaverales,
donde, buen sembrador, él
plantó su bello laurel
entre floridos rosales.

Sobre tu niñez en flor
puse mi melancolía…
de vencido soñador...
¡Todo un mundo de candor
bajo una noche sombría!

Candor que fuera martirio
de la nieve boreal,
candor de jazmín o lirio,
candor de paloma o cirio,
o de cordero pascual.

¿Qué hada madrina tu cuna,
vestida de tornasol,
llegó a brindarte oportuna
esos dos ojos de luna
y esos cabellos de sol?

¿Esa boca de clavel?
¿Esa suavidad de tul?
¿Esa palabra de miel?
¿Esa ternura tan fiel?
¿Esa almita tan azul?

¡Ah! Mañana crecerás,
porque así lo quiere Dios
y luego... tal vez... te irás...
¿Qué va a ser de tus papás,
faltando tú entre los dos?

Mas eso está muy lejano,
en un lejano confín,
en un confín muy arcano:
hoy eres botón lozano
en el paterno jardín

Hoy eres ¡oh Ruth divina!
una celeste merced,
una fuente cristalina
donde tu padre se inclina
para apaciguar su sed.

Ala de un cisne sedeño,
que, en las horas de dolor
que le entreteje el ensueño
borras el adusto ceño
del noble batallador

que sembró en las duras eras
—con la frente doblegada
sobre ásperas cambroneras—
sus magníficas quimeras
con la mano ensangrentada.

Que pudo domar leones
y buitres pudo cazar
y vencer muchos dragones...
¡Mas quiso que los gorriones
fuesen su mano a picar!

¡Porque nunca tuvo hiel
su alma, que odió a Belcebú,
y cultivó en su laurel
un rico panal de miel
que has de cosecharlo tú!

Para la mariposa
que va girando en rápido trayecto,
nunca falta en la ciénaga asquerosa
el odio miserable de un insecto.

Para el cóndor bravío
que se remonta al cielo sin trabajo,
nunca falta en el páramo sombrío
un fusil que le apunte desde abajo.

Para la cumbre erguida
que toca con su frente el infinito,
no falta una tormenta enfurecida
que le azote los hombros de granito.

Para la noble fiera,
rey de los bosques y los altos cerros,
nunca falta una trampa traicionera
donde la insultan los cobardes perros.

Para la clara estrella
que los espacios con su luz asombra,
jamás ha de faltar, ciñéndose a ella,
un silencioso círculo de sombra.

Para el Cristo Divino
que ha de ascender a eterna venturanza
nunca, al pie de la Cruz, falta un Longino
que le hiera el costado con su lanza.

Para el hombre que lidia
por erguirse entre infames y menguados,
nunca faltan el odio de la envidia
y la persecución de los malvados.

    ¡Batid, sonriendo, palmas!
¡Lanzad calumnias en lenguaje necio,
que el tribunal severo de las almas
ya os condenó a la cárcel del Desprecio!

Fue su vida árido yermo
con lontananzas artísticas;
nido de tristezas místicas
su gran corazón enfermo.

Y su juventud sin galas
no pudo emprender el vuelo,
como un pájaro del cielo
cuando le cortan las alas.

La oscura melancolía
que al poeta el alma le parte,
hizo que su cuarto de Artes
fuera una celda sombría:

donde —monje sin pasiones—
lloró sus pálidos sueños,
sus esperanzas y ensueños,
sus difuntas ilusiones.

Impedido por su suerte
buscó de Aspasia los brazos,
pero atrás, a grandes pasos,
fue siguiéndole la Muerte.
¡Cercad su huesa de flores,
de fantásticas quimeras:
de amarillas calaveras
de abanicos y tibores!

Y Cuba que tanto lo ama,
sobre el féretro de Kioto
que arroje flores de loto
y lirios de Yokohama.

Mi corazón se volverá una rosa,
mi cerebro azulada mariposa
              y mi cuerpo un trigal;
y con la hiel que mis entrañas crispa,
en el ramaje formará la avispa
              dulcísimo panal.

***

Tan apasionado y vivo
fue el beso que de repente
te di sobre el labio esquivo,
que con ese beso vivo
besándote eternamente.

***

¡Yo conozco también el cuervo lúgubre
que viera Poe, el soñador maldito,
              en su morada entrar;
y ha contestado con su voz sarcástica
a todas las preguntas que le he hecho:
              jamás, jamás, jamás!

Si muero joven; si el dolor me mata
y en la terrible fosa me derrumba,
te ruego que no vayas, dulce ingrata,
con otro amante a visitar mi tumba;
porque al sentir vuestros iguales pasos
romper la paz que para siempre anhelo,
levantaré los descarnados brazos
para pedirle que me vengue al cielo.

JARDÍN
DE
SONETOS

"Nos dices que las cosas de este mundo son nada".

NADA ES TODO

(A Luis Andrés Zúñiga).

Hermano mío en el Arte y en la lira sagrada
que —de la negra Estigia sentado en un recodo—
nos dices que las cosas de este mundo son nada,
mientras que las del otro, las del celeste, todo.

No siembres esa lívida seta emponzoñada
en tu jardín de sueños, con tan amable modo,
sino una vid de vida, de racimos cargada,
que de alegría deje el corazón beodo.

A ese ilusorio cielo una implacable guerra
conmigo mueve, hermano. Conmigo ama la Tierra,
la carne, el vino, el oro, que abominaron los

anacoretas locos. Ama la vida fuerte,
pon en fuga conmigo a la amarilla Muerte,
¡Y dos hombres de veras hemos de ser los dos!

En su riente país de rosales y pinos
la vi y la amé. Era pura, era dulce, era bella.
Tenía por miradas dos cielos vespertinos
y un búcaro de mieles por boca la doncella.

Una buena hada quiso juntar nuestros destinos,
mas lo impidió el influjo de mi maligna estrella,
y enderecé a otros climas mis pasos peregrinos,
—nómade taciturno— pensando siempre en ella.

¿Me olvidó? No lo se. Tal vez me olvidaría.
Tal vez la rubia virgen me quiso siempre. Un día
una gélida ráfaga llevola al panteón.

¡Sobre la dura tierra pasó como una sombra!
Ya todos la olvidaron ... ¡Apenas si la nombra
una amarilla lápida que está en mi corazón!

Péscame una sirena, pescador sin fortuna...

Péscame una sirena, pescador sin fortuna,
que yaces pensativo del mar junto a la orilla.
Propicio es el momento, porque la vieja luna
como un mágico espejo entre las olas brilla.

Han de venir hasta esta ribera, una tras una,
mostrando a flor de agua el seno sin mancilla,
y cantarán en coro, no lejos de la duna,
su canto, que a los pobres marinos maravilla.

Penetra al mar entonces y coge la más bella,
con tu red envolviéndola. No escuches su querella,
que es como el llanto aleve de la mujer. El sol

la mirará mañana —entre mis brazos loca—
morir —bajo el divino martirio de mi boca—
moviendo entre mis piernas su cola tornasol.

El agua es verde. Verde la próxima espesura
de los manglares, donde se oculta la ictericia,
y un aire —todo ungido de luz y de frescura—
como una mujer tierna el rostro me acaricia.

Algo como una suave y acuática dulzura
llena el tedioso espíritu de una rara delicia,
y la gentil mañana, en la celeste altura,
con su pincel de oro una acuarela inicia.

Un pájaro marino, de oscuro y gris plumaje,
pausadamente cruza el húmedo paisaje,
y —dando un ronco grito— en el manglar se pierde.

El bote se desliza lentamente; y sospecha
el ojo —que las aguas pacíficas acecha—
que hay fauces peligrosas en el estero verde.

"A tus exangües pechos, Madre Melancolía"…

MADRE MELANCOLÍA

A tus exangües pechos, Madre Melancolía,
he de vivir pegado, con secreta amargura,
porque absorví los éteres de la filosofía
y todos los venenos de la literatura.

En vano —fatigada de sed el alma mía—
sueña con una Arcadia de sombra y de verdura,
y con el don sencillo de un odre de agua fría
y un racimo de dátiles y un pan sin levadura.

Todo el dolor antiguo y todo el dolor nuevo
mezclado sutilmente en mi espíritu llevo
con el extracto de una fatal sabiduría.

Conozco ya las almas, las cosas y los seres,
he recorrido mucho las playas de Citeres...
¡Soy tu hijo predilecto, Madre Melancolía!

¿Quién alimenta tu hervorosa hoguera,
que así, siempre fecundo y encendido,
has alumbrado el tiempo que ha vivido
como un minuto la terrestre esfera?

¿Qué fuerza rige la inmortal carrera
con que vas a un poder desconocido,
—a la atracción universal ceñido—
como si centro de tu centro fuera?

Dios, que los astros vividos derrama,
cuando se acerque tu postrero día,
apagará esa luz que nos inflama;

y una pavesa, vagabunda y fría,
serás —extinta tu soberbia llama—
en la callada inmensidad sombría.

EL GLADIADOR

(Idea de Byron)

Cuando sintió clavarse en su desnudo
pecho la corta espada de su hermano
de esclavitud, el gladiador germano
la fiera lidia continuar no pudo.

Cayó —embrazado el refulgente escudo—
con un grave rumor. Alzarse en vano
aun quiso, con esfuerzo soberano,
tal era de impetuoso y de membrudo.

Se desangraba en la feroz palestra
pensando en su cabaña y su consorte...
Iba a morir. De pronto, una siniestra

visión tuvo en confusa lontananza:
¡Las hordas de los bárbaros del Norte
ululando clamores de venganza!

174

Corre con tarda mansedumbre el río
copiando en sus cristales la arboleda,
y un monótono diálogo remeda
con el viento su grave murmurío.

Bajo el candente cielo del estío
no se apresura ni estancado queda,
sino que —lento y rumoroso— rueda
a perderse en el piélago bravío.

Tal se apresura la corriente humana
con su rumor efímero de gloria
reproduciendo una cultura vana;

y —sin que mude el curso de su suerte—
corre en el viejo cauce de la historia
hacia el mar misterioso de la muerte.

"Camina el viejo rey como un demente".

Bajo la fiera tempestad que brama
camina el viejo rey como un demente:
el irritado cielo de repente
de lívidos relámpagos se inflama.

Con voz de angustia el infeliz exclama
retando a la Natura indiferente:
—¡Hundid el mundo y abrasad mi frente
terrible trueno y calcinante llama!

Mientras los elementos apostrofa,
el fiel bufón —que su pesar desdeña—
de sus desgracias íntimas se mofa.

Y, como insulto a su vejez adusta,
con mano osada el huracán desgreña
el viejo bosque de su barba augusta.

En el salón —de fondo azul turquí—
ensayabas un paso de minué
frente a una corte de galanes. Vi
resucitar de pronto a Salomé.

Palpitando sensual, tu carmesí
boca se abrió en tu faz de rosa-thé,
y —aquella noche en que triunfaste— mi
gran sacrificio consumado fue.

Cuando en seguida te ofrendaba la
argentina bandeja, el bacará
trémula alzaste entre los dedos. Tu

rostro de emperatriz se demudó...
¡Decapitado nuestro amor rodó
sobre tu regia falda de tisú!

No penséis que las uvas generosas
dan este vino, cuyas rojas huellas
tiñen los frescos labios de las bellas
con el múrice ardiente de las rosas.

El licor que estas copas luminosas
contienen irradiando como estrellas,
y que vaciado habéis de las botellas,
lo guardaron las hadas misteriosas.

Es la sangre de todas las beldades,
víctima del acero y su destino
en la guerra sin fin de otras edades.

No extrañéis que, al pensar en sus despojos,
cuando se suba a mi cabeza el vino,
viertan alguna lágrima mis ojos.

Cuelgan racimos de odorables pomas,
negras uvas en gajos tentadores,
fingiendo los alegres surtidores
un murmullo de besos y de bromas.

Dormitan en las ramas las palomas
los buches esponjando arrulladores,
y el capitoso aliento de las flores
unge el follaje y el parral de aromas.

Un sol ardiente esparce sus madejas
de luz, sobre el jardín; y las abejas
un vals preludian, áspero y sonoro.

Bailan las mariposas deslumbrantes,
y picotean pájaros brillantes
unas naranjas que parecen de oro.

Arden en los jardines opulentos
como antorchas los mártires cristianos;
aplauden los serviles cortesanos
locos de sangre y de gozar sedientos.

Hinchan las flautas los nocturnos vientos,
alzan las copas de marfil las manos,
baña la luz los pórticos cercanos,
óyense carcajadas y lamentos.

Bajo un dosel asiático, tendido
mira Nerón, de púrpura vestido,
la festival, esplendorosa y fiera;

y, arrojando bostezos desdeñosos,
pasa los dedos, finos y nerviosos,
sobre la rubia piel de su pantera.

Exhala el fuelle roncos resoplidos;
salta el carbón en la caverna oscura;
la móvil llama trémula fulgura
sobre los muros en hollín teñidos.

Los dedos, por el uso encallecidos,
manejan luego la tenaza dura,
que, sobre el yunque sólido, asegura
los hierros al calor enrojecidos.

Los cíclopes, obreros incansables,
en alto ponen los velludos brazos
de musculosos bíceps admirables...

Rápidos bajan los enormes mazos;
al choque surgen quejas formidables
y una explosión de fúlgidos chispazos.

Te acercas al espejo fulgurante
y miras, con orgullo femenino,
tu helénico perfil, de corte fino,
temblar sobre la luna deslumbrante.

Tornas de frente el mágico semblante,
contemplando tu cuello alabastrino,
tus grandes ojos, de un azul marino,
y tu boca, encendida y palpitante.

Después, al ver el licencioso escote
que mal contiene el opulento brote
de tu albo seno entre el corpiño preso,

te abandonas a extraña somnolencia,
y estampas en tu lúbrica demencia,
sobre tu boca reflejada un beso.

No nos separemos un momento,
porque —cuando se extingan nuestras vidas—
nuestras dos almas cruzarán unidas
el éter, en continuo ascendimiento.

Ajenas al humano sufrimiento,
de las innobles carnes desprendidas,
serán en una llama confundidas
en la región azul del firmamento.
Sin dejar huellas ni visibles rastros,
más allá de la gloria de los astros,
entre auroras de eternos arreboles,
a obedecer iremos la divina
ley, fatal y suprema que domina
los espacios, las almas y los soles.

Cándida luna: tu fulgor de plata
que tras las nubes lóbregas vacila,
por la callada inmensidad tranquila
en impalpables rayos se dilata.

Te toca el ruiseñor su serenata,
desde la rama que en el bosque oscila,
y, en tu redonda y mágica pupila,
una mortal tristeza se retrata.

La impenetrable lobreguez alegras,
cuando surges —ciñendo tu aureola—
tras las montañas ásperas y negras;

y ronco te saluda con sonantes
salvas el mar, al remontarte sola
sobre sus vastas aguas palpitantes.

Agoniza el león. La ardiente arena
es el lecho mortuorio —el sol desciende—:
una bandada de neblíes hiende,
a lo lejos, la atmósfera serena.

El coloso sacude la melena
sobre el robusto cuello, y luego tiende
por el rojizo espacio que se extiende
una mirada de amargura llena.

Cae su enorme cabeza. Después, trémulo
entre las zarpas ásperas la oprime
y a los impulsos del dolor se estira...

Lanza un rugido dilatado, émulo
de los fragosos truenos, —y sublime,
frente al incendio de la tarde, expira.

LA CAÍDA DE LUZBEL

(Ideas de Hugo).

Rodó cuarenta siglos el maldito
en la espantosa noche de la nada,
sin levantar la frente quebrantada,
ni arrepentirse de su gran delito.

Caía por el lóbrego infinito,
por la siniestra inmensidad callada,
buscando —con fosfórica mirada—
un asidero el trágico proscrito.

Lo halló por fin y se detuvo. Arriba
estaban Dios y su estrellado piélago...
Rióse Luzbel, lanzándoles saliva....

—¡Cae! dijo una voz. ¿No estás conforme?
¡Y agitando sus alas de murciélago
se hundió otra vez en el abismo enorme!

En medio de la gran naturaleza
la selva tropical mueve sus ramas
como verdes y hojosas oriflamas,
insignias de su rústica grandeza.

Los árboles añosos la cabeza
doblan sobre las ásperas retamas,
y ciñe el cuerpo elástico de escamas
la perezosa sierpe a la corteza.

El sol incendia el suelo; y el bochorno
cuelase entre los troncos y zarzales
como el aliento cálido de un horno.

Duermen las aves de irisadas plumas
y van, por los tupidos carrizales,
ágiles tigres y ligeros pumas.

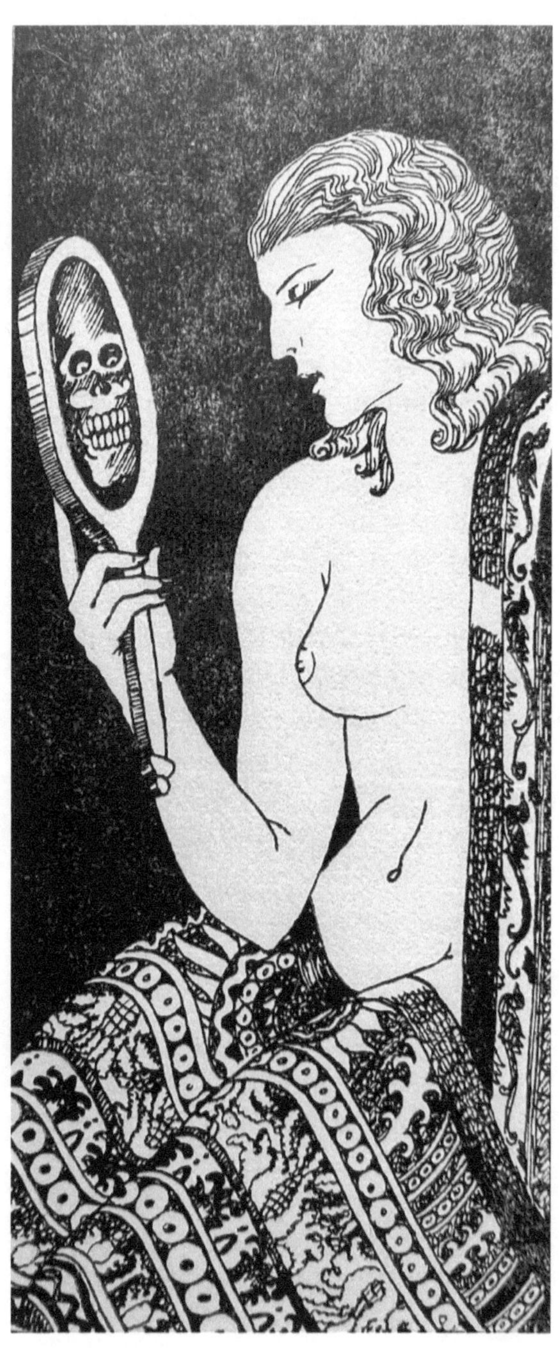

Su lindo rostro, calavera inmunda.

—¡Ay, Yorick infeliz! ¿Quién me dijera
cuando te vi saltando de alegría,
que entre mis manos trémulas tendría
alguna vez tu horrible calavera?

Fuiste la risa de la corte entera
que tus alegres bromas aplaudía.
¡Cuántas veces jugando me subía
hasta tus hombros en mi edad primera!

Hoy me inspiras horror con tus despojos;
de tu cráneo la tierra se derrama;
ya no hay luz en las cuencas de tus ojos.

Ve al tocador, donde el afeite abunda,
y dile que ha de ser, a toda dama,
su lindo rostro calavera inmunda.

Rosa de mayo, Ofelia infortunada:
¿a dónde vas, tan pálida y doliente,
suelto el cabello y la virginea frente
de ortigas y de flores coronada?

Huye, loca infeliz, a tu morada;
no des un paso más, niña inocente.
¿No miras, dime, ese fatal torrente
que te lleva en sus ondas retratada?

Mas ya rodaste a su profundo cauce,
abandonando tu guirnalda mustian
entre las ramas de ese añoso sauce....

Flota tu blanca veste; y, entre tanto
que te hundes, oye con creciente angustia
la misma muerte tu divino canto.

Yago, maldito Yago, vil araña
que, entre las sombras de la noche en vela,
tejes y tejes tu traidora tela
con hábil modo y con paciente maña.

Un espíritu malo te acompaña,
en ti reside, tus trabajos vela;
vuela al castillo, miserable, vuela,
el fruto a recoger de la cizaña.

¡Réprobo! Ya llegaste. A Dios le plugo
hacer luz en tu crimen de repente;
mañana te verás con el verdugo.

¡Ya eres de él, y del hacha, y del cadalso,
y tu espíritu —negro y pestilente—
irá al infierno, por traidor y falso!

No despiertes, Desdémona. Tu dueño,
el moro adusto, rebosando de ira,
a la luz de esa lámpara te mira
convulso el labio y cejijunto el ceño.

No despiertes, Desdémona. Que el sueño,
que en blando vuelo por tu estancia gira,
mientras la noche silenciosa expira,
vierta en tus ojos bienhechor beleño.

No despiertes, Desdémona. Al moverte,
ese demonio que al amor ultraja,
de ti dudando, te dará la muerte.

No despiertes. Las sombras sepulcrales
se acercan y una lúgubre mortaja
te formarán tus sábanas nupciales.

¿Quién calmará la lúgubre tormenta
que agita su alma, enamorada y ruda,
en tanto que el demonio de la duda
su incontrastable cólera acrecienta?

Ya la calumnia, de ambición sedienta,
entró en su pecho, que la fe no escuda.
¡Todo contra él a conspirar ayuda!
¡Todo su rabia y su dolor aumenta!

Sólo el placer amargo de una local
y sin igual venganza, desde entonces
contuvo los rugidos de su boca.

Mas gira en torno —delirante y ciego—
los fieros ojos de su faz de bronce,
llenos de extraño y pavoroso fuego.

Ved con qué natural sabiduría
las finas hebras a las hojas ata
y una red teje de fulgor de plata
que la infeliz Aracne envidiaría.

Mas si el viento soplando con porfía
la prodigiosa tela desbarata,
vuelve otra vez a su labor ingrata,
y una malla más tenue alumbra el día.

Hombre, que tus empresas no coronas
porque al primer fracaso o desperfecto
a un estéril desmayo te abandonas;

ten de tu vida y tu vigor conciencia,
y aprende al ver el triunfo de ese insecto
una lección sublime de paciencia.

Ora dormida en la extensión serena
del polífono mar que el orto dora,
parece, a veces, que a lo lejos llora
o que canta cual pérfida sirena.

Inquieta luego, de temblores llena,
se enarca como sierpe silbadora,
o apagándose rueda arrulladora
con un grave susurro de colmena.

Otra vez surge con furor insano
llevando en sus entrañas escondida
la amarga bilis del revuelto océano.

Y de pronto, en un vértigo violento,
estalla en la ribera, sacudida
por el foete de ráfagas del viento.

Yo adoro tus dos trenzas magníficas y oscuras,
tu frente sin mancilla, donde pesar se ve;
tus grandes ojos tristes, poblados de ternuras,
que con mis labios trémulos ardientes cerraré;

tus pálidas mejillas de pálidas alburas;
tu boca, en cuyo aliento la gloria beberé;
tu cuello que envidiaran las vírgenes más puras,
tus hombros y tu talle, tus manos y tu pie.

Amo también tu espíritu, frágil y visionario,
frágil y visionario, dulce y extraordinario,
que se encarnó en tus formas tranquilas de vestal.

Y llegaré a tus brazos, a mi pasión abiertos,
como las naves llegan a los ansiados puertos
venciendo los escollos del piélago fatal.

BAHÍA DE RÍO DE JANEIRO

Bajo el bruñido azul del hondo firmamento
musita dulcemente la mágica bahía;
atrás queda el Atlántico, magnífico y violento,
con sus espumas acres y su monotonía.

Cien naves, que columpia un melodioso viento,
prenden sus férreas áncoras entre la arena fría,
y la ciudad ondula, como ciudad de cuento,
en una tremulante y extraña lejanía.

De algún genio plutónico el imponente trono,
El Pan de Azúcar alza su gigantesco cono
augusto y solitario, como un solemne duelo....

¡Peñón que los rebeldes e indómitos titanes,
desde la tierra —haciendo terribles ademanes—
lanzar quisieron contra los pórticos del cielo!

No blasfeméis, aunque sintáis deseo
contra la maternal naturaleza,
si meditásteis, con pueril simpleza,
que sobran seres bajo el sol febeo.

El ignorante, del engaño reo,
carece en sus visiones de certeza,
porque, bajo su prisma de belleza,
se ha imaginado el mundo de lo feo.

Pero si el sabio la mirada gira
lleno de amor por la natura santa,
en todas partes perfecciones mira.

Para él, amante del divino todo,
es tan perfecto un pájaro que canta
como un sapo que brinca sobre el lodo.

¿Quién es el más anciano de los dos?

Tu experiencia no influye sobre la mente mía.
Guarda, anciano, tu libro de inútiles consejos,
y aprende en los volúmenes de mi sabiduría,
enseñanzas sutiles que vienen de muy lejos.

Tu corazón no sabe de la melancolía
de los que —ayer nacidos—, hoy nos miramos viejos, y
tenemos el alma como esa luna fría,
hastiada y pensativa, de pálidos reflejos.

Tu alma es sencilla y crédula como el alma de un niño,
y tienes la pureza del cisne y del armiño
en tu cabello augusto, gloriosamente cano;

tus inviernos son una florida primavera,
mientras en mis abriles el crudo invierno impera....
¡Entre los dos, sin duda, yo soy el más anciano!

Este es el regio pájaro que vio Firdussi un día
cruzar de oriente al orto, cortando el cielo en dos;
que tiene en sus apólogos mayor sabiduría
que las más nobles bestias de la tierra de Dios.

Sus alas —donde puso sus ópalos el día—
fatigan los azures de alguna estrella en pos;
su cola es un arco iris de ardiente pedrería;
sus ojos, dos carbunclos magníficos. En los

dísticos que celebran su omnipotente gloria
del Irán, este pájaro de luz y de victoria
volar sobre oriflamas y ejércitos se ve.

El guarda la divina diadema de Cosroes
desde el sublime nido de sándalos y aloes
que tiene en una lírica montaña: Shah-nameh.

Tus alas, fúnebres abanicos de duelo...

Hermana de la víbora crepuscular. Hermana
del sapo de la ciénaga, que, al fulgor de la luna,
que en su rueca de plata de hilo de luz devana
la paz nocturna con su queja importuna;

del horrible murciélago, que huye de la mañana
y al abrigo se acoge de cualquier torre bruna;
del nictálope búho —que la sapiencia humana
y el miedo al claro sol— en sus ojos aduna:

eres hecha del polvo sutil de los sudarios,
del silencioso horror de los viejos osarios,
de la noche letárgica que en las tumbas impera.

Por eso es que en tus alas, de oscuro terciopelo,
bordada como en fúnebre abanico de duelo,
se ve la imagen de una borrosa calavera.

Una mañana húmeda, ciñendo grises tocas,
surge del mar sonoro, matiz verde botella
que contra los cantiles graníticos estrella,
con trueno intermitente, sus grandes aguas locas.

Un grupo de lanchones, pesados como focas,
en la ensenada hirviente se agita y atropella,
el viejo Pernambuco en el confín descuella
ciñendo un cinturón de milenarias rocas.

El viejo Pernambuco descuella vagamente
como en el panorama de un encantado Oriente,
con algo de Mascate, del Cairo o de Bagdad...

Puerto de perspectivas presentes o lejanas,
que atisba las históricas naves lusitanas,
los buques de los moros o el barco de Simbad.

Que una tizona en tus valientes manos
la noble pluma con que escribes sea,
para entrar indignado en la pelea,
a herir traidores y a matar tiranos.

Haz que muerdan el polvo los villanos;
áulicos y serviles pisotea,
infunde a aquel que tus escritos lea
fuerza de acción y alientos soberanos.

Que tu rotunda y magistral palabra
tocando cráneos en la plebe estoica
agujeros de luz en ellos abra;

y de allí surja hermosa y fulgurante
la Libertad, como Minerva heroica
de la cerviz de Júpiter Tonante.

CUANDO PARTIÓ UN AMIGO

(A doña Leonor de Mayorga Rivas)

Feliz porque te quiso más que a las nueve hermanas,
porque sobre ellas puso su omnipotente amor,
porque de sus jardines —en tardes y mañanas—
cortó para tus rizos la más amable flor.

Dulces para vosotros pasen las horas vanas;
jamás os tienda su arco el ángel del dolor,
y luego, cuando llegue la tarde de las canas,
que en vuestro hogar no falten la dicha ni el calor.

Yo me quedo muy solo apacentando penas,
cazador de dragones, pescador de sirenas,
Jasón de un vellocino que no he de conquistar.

Estrellas: sed propicias al noble peregrino;
Eolo: conducidle a su feliz destino;
Sirenas: ocultaos en el profundo mar.

I

Amo tu clara gloria como si fuera mía,
de Anadiomena engendro y Apolo Musageta,
nacido en una Lesbos de luz y de poesía
donde las nueve musas ungiéronte poeta.

Grecia en los astros de oro tu nombre grabaría:
en ti, el pagano numen renace y se completa:
mas —con los ojos fijos de Jesús en la meta—
gozas el pan y el vino de tu melancolía.

El águila de Esquilo te regaló su pluma,
el pájaro de Poe lo vago de su bruma,
el ave columbina su corazón de miel.

Anakreón sus mirthos, azucenas y rosas,
Ovidio el misterioso secreto de las cosas,
Pitágoras su ritmo y Scopas su cincel.

II

Liróforo de triste mirada penetrante
que al son órfico ajustas la gama de los seres,
que sabes los secretos pristinos del diamante
y conoces el alma sutil de las mujeres.

¡Délfico augur, hermético y sacro hierofante
que oficias en el culto prolífico de Ceres,
que azuzas de tus metros la tropa galopante
sobre la playa lírica y argéntea de Citeres;

tu grey bala en las églogas del inmortal idilio,
tu pífano melódico fue el que tocó Virgilio
en la mañana antigua, de alondras y de luz;

tu azur es el radioso zafir del mito heleno,
tu trueno wagneriano el olímpico trueno
y tu congoja lúgubre la que gritó en la cruz!

III

Es hora ya que suenen tus líricos clarines
saludando el venir de la futura aurora
de paz. A los cruzados y nobles paladines
que hacen temblar la tierra: es la propicia hora.

Tu lira pon al cuello de la pujante prora,
para que así nos sigan sirenas y delfines;
y que tus versos muestren su espada vengadora
asida por los dedos de airados serafines.

Verbo de anunciaciones de nuestro Continente,
vate proteico, noble, magnífico y vidente,
que tiene de paloma, de abeja y de león;

la gloria te reserva su más ilustre lauro:
humillar la soberbia del rubio minotauro
como el divino Jorge la testa del dragón.

Aquesta humilde flor que en la campiña
primaveral cogí para mi amada,
pondré en su cabellera perfumada
que es el don más precioso de la niña.

Cuando su talle con dulzura ciña
al terminar nuestra égloga encantada,
la he de decir con voz emocionada,
aunque, vertiendo lágrimas, me riña:

"Adiós, Clori gentil de rosa y nieve:
nuestros ratos de amor fueron tan cortos
que mucho vivirá esa flor tan breve".

Mas, aumentando nuestra amarga angustia,
la miraremos, de repente, absortos
rodar al césped, deshojada y mustia.

Esquivando miradas indiscretas,
por oscuros y negros callejones
al fin logré llegar a tus balcones
cargados de odoríferas macetas.

¡Cuántas pláticas dulces y secretas,
llenas de juramentos e ilusiones
tuvimos en aquellas ocasiones
al voluptuoso olor de las violetas!

¿En dónde estás, oh casta Margarita,
que en mi azarosa pubertad lejana
me concediste la primera cita?

¡Te evaporaste como sombra vana,
y hoy, hecha polvo tu feliz casita,
se ignora en dónde estuvo tu ventana!

APOTEOSIS FINAL
(A Turcios y Chocano)

Como en el circo —entre el gritar sonoro
del pueblo entusiasmado y vocinglero,
ante los pies del pálido torero
de chaquetilla recamada de oro,

muere temblando el furibundo toro
que fatigó el audaz banderillero,
o el picador, en su embestida artero
entre entusiasta y resonante coro—

tal morirá, tras nuestra heroica lidia,
la bestia —ciega y torpe— de la envidia
doblando la cerviz a nuestras plantas;

y coronado de encendidas rosas
nuestro triunfo las plebes clamorosas
saludarán con todas sus gargantas.

Sería difícil seguir toda la producción de Molina aparecida en periódicos de Centro América, a fin de formar un verdadero plano de su hemerobibliografía. Para ello se haría indispensable consultar todo lo que dejó en "El Bien Público" de Quezaltenango, "Diario de Honduras" y "Diario de El Salvador". Esa tarea tiene que hacerse para poder rescatar sus escritos más representativos. Entre ellos podemos anotar los que escribió sobre Jeremías Cisneros y "La serpiente marina", en el segundo de dichos diarios. Y para complementar las informaciones que ahora me atrevo a presentar, de primera intención, será preciso identificar el artículo "Juan Ramón Molina" que Flavio Guillén escribió en Guatemala.

He aquí, sin embargo, los materiales de mayor importancia que a través de una exploración dilatada pude realizar con apremio, y ojalá que la invitación que amigo don Ismael Zelaya me hizo para compilar estos documentos, que son muy útiles en historia literaria de Centro América, quede así correspondida.

Rafael Heliodoro Valle.

México, D.F, 3 de mayo de 1936.

A LA EXPOSICIÓN CENTROAMERICANA (soneto). —En "Guatemala en 1897", por Joaquín Méndez, Guatemala, 1897, p. 33.

AL VOLVER A HONDURAS. —"Germinal", 1917, I, 17: p.293-4. "Revista de la Escuela Normal Señoritas", 1936, año II, 6, p. 13.

ALABANZA. — "Juventud Hondureña", 13 de diciembre 1913 (en homenaje Padre Reyes).

CARTA ABIERTA. —"Revista del Archivo y de la Biblioteca Nacional", Tegucigalpa, 1907, III, 23-24; 764-66. "El Renacimiento" (Semanal Unionista), 1 de noviembre 1914, año I.

(Dirigida el 9 de noviembre 1907, San Salvador, al director de "Diario de Centro América" de Guatemala, Dr. Ricardo Contreras, sobre Julio Flórez).

CARTAS DE AMOR. —"Mujer", 15 noviembre 1934, p. 11.

"DE EL LIBRO DEL ALMA". —"Hispano-América" 15 marzo 1923, I, 10:152.

DE UN DISCURSO DE JUAN RAMON MOLINA. —"Los sucesos", 31 octubre 1920, III, 31.

DEL EPISTOLARIO DEL POETA. —"Juventud Hondureña", 1 noviembre 1913 (Fragmentos de cartas 1906 y 1907).

DESARROLLO DE LA PRENSA CENTROAMERICANA. — "Centro América", Guatemala, 1912, IV, 373-77. (Retrato de Molina).

"DIARIO DE HONDURAS". —Tegucigalpa. (Molina fue su director desde el 17 de julio de 1899, N°. 539, hasta el 8 de abril de 1900, N°. 767. Se imprimió en "La Prensa Popular", de la cual fue propietario el general José María Valladares).

DISCURSO DE JUAN RAMÓN MOLINA. (En homenaje a Adolfo Zúñiga). —"Revista del Archivo y de la Biblioteca Nacional". 1907, III, 15-16; 485-95.

DISCURSO PRONUNCIADO POR DON JUAN RAMÓN MOLINA, en nombre del Poder Ejecutivo, en el Salón Municipal de Tegucigalpa, el 28 de septiembre. "El Estado", 1 de octubre de 1904.

DON DINIZ. (Seudónimo de Molina).

"EL BIEN PÚBLICO". —Este periódico lo dirigió en Quezaltenango, Guatemala.

EL CASTIGO DE LOS CRIMINALES. —"El Estado", N°. 114. (Es un artículo reproducido del "Boletín del Ejército Legitimista de Occidente", Santa Rosa de Copán, 24 de enero 1903).

EL CORNETA. —"Lecturas Militares" del profesor Pedro Rivas. (Retrato de Molina). 1918, Tipografía Nacional, pp. 47-51.

"EL CRONISTA". —Periódico que dirigió en Tegucigalpa del 28 de agosto de 1898 al 15 de julio de 1899 (160 números).

EL TRABAJO INTELECTUAL. —"Ateneo de Honduras". Diciembre 1923, año IV, N°. 64, p.2090. "Nosotros", p. 244.

ENRIQUE PÉREZ ESCRICH. —"El Diario", 18 de noviembre, 1897. Año I. N°. 30.

"ESPÍRITU". —Antología de ciencias y letras. Directores: Juan Ramón Molina y Augusto C. Coello. 1906. (Aparecieron cuatro números, del 5 de enero al 20 de febrero, formando 64 pp).

HONDURAS LITERARIA. —Guatemala, 1897. "El Porvenir de Centro América", San Salvador, 1897, II, 56: 900-1. (Es un comentario de Molina sobre el primer tomo de "Honduras Literaria" por Durón).

ÍNTIMAS.- "Lux", 21 junio 1925, año I, Nº 53; p. 11.

JOSE ANTONIO DOMINGUEZ. —"Hispano-América,", 15 enero 1923, I, 6: 91.

JUICIO SOBRE J. ANTONIO DOMINGUEZ. —"Revista del Archivo y Biblioteca Nacional", 1932, X, 12: 412.

JULIAN DEL CASAL (Versos, 1896). —"Juan Ramón Molina" 1 noviembre 1920, I, 1: 15.

LA FOSA OLVIDADA. —"Juventud Hondureña" 8 de noviembre 1913.

LA INTOLERANCIA CLERICAL. —"Diario de Honduras", 6 y 7 de abril, 1900, Nos. 764-765.

LA NIÑA DE LA PATATA. —"Esfinge", Nº 57: 1103-04.

LA RENUNCIA DEL ESCRIBIENTE. (Capítulo olvidado de una novela perdida). —"Vida" La Ceiba, 1918, I, 13: 10-2.

LA TIRANÍA DE SIERRA. —"Diario de Honduras", Tegucigalpa 16 mayo 1903. (Este artículo apareció con las iniciales D.D. que correspondía al seudónimo "Don Diniz" que Molina usó).

LA TRISTEZA DEL LIBRO. —"Vida", La Ceiba, 1918, I, 12: 21-2.

LORENZO MONTÚFAR. —"El Diario", 16 junio 1898, año I, Nº 208.

LOS DOMINGOS DE TEGUCIGALPA. —"Hispano-América" 1 enero 1923, 1, 5:75.

LOS POETAS COMO EDUCADORES DE LA RAZA. — "Hispano- América" 10 octubre 1923, 1, 23: 354.
LLOVIENDO. —"Esfinge". 1917, Nº 54: 1.017-18.

MARMOL PENTÉLICO. (Versos). —Juventud Hondureña". 1°
noviembre 1913.

MR. BLACK. —"Vida", La Ceiba, 1918, I, 11: 10-12.

NATURA. "Vida", La Ceiba, 1918, I, 10: 23-5.

NÚMEROS. "Revista Nueva" 1° enero 1902, año I, N° 11: p. 5.
"Espíritu", Tegucigalpa, 1906, I: 40-44.

PALABRAS de Juan Ramón Molina ante la tumba de Manuel
Molina Vijil. —"El Diario", 2 noviembre 1897. Año I, N° 16.

POR LOS ESTUDIANTES. —"Los Sucesos". 1920, I, 2.

PREFACIO DE JUAN RAMON MOLINA a la novela hondureña
Annabel Lee por Froylán Turcios. Tipografía Nacional, diciembre
1906, 39pp. 12vo.

PRIMERA CITA. —"Juan Ramón Molina", 19 noviembre 1920, I,
1: 10.

RECORDANDO LA HISTORIA DE CENTRO AMERICA. —"Los
Sucesos". 15 septiembre 1921, IV, 76-77.

"RITOS". —Revista de Literatura. Directores: Juan Ramón Molina
y Julián López Pineda. Año I, Núm. 1, San Salvador, Tipografía "La
Unión", 20 marzo 1908.
SALUDO A HONDURAS. (Himno cantado por las alumnas de la
Escuela Modelo, el 15 de septiembre de 1905). —"El Estado", 28
septiembre 1905, N° 183.

"TIERRAS, MARES Y CIELOS". —Tipografía Nacional, 1913.
440 pp. 8vo. (Sumario: Poesías: El Águila, Una muerta, En el Salón
de Retratos, Río Grande, Águilas y Cóndores, Segundo aniversario,
Obertura sentimental, Salutación a los poetas brasileros, Tréboles de
Navidad, Anhelo nocturno, Autobiografía, Después que muera, La

hora final, Los ojos de los niños, Leviathán, Adiós a Honduras, La muerte de Caín, A un pino, Transmigración, En la alta noche, Tus manos, Al padre Reyes, A un herrero, Plus ultra, Para un apóstol, Letrilla ecológica, De el Libro del Alma, Los cuatro bueyes, A Ismael, El fakir, Nada es todo, Pesca sirenas, Madre melancolía, A la memoria de Teresa, En los esteros, Al sol, El Gladiador, El río, El Rey Lear, Salomé, Vino tinto, El jardín, La fragua, Ante el espejo, Sursum, Plenilunio, La muerte del león, La caída de Luzbel, Selva americana, Ofelia, Hamlet, Yago, Desdémona, Otelo, La araña, La ola, A una virgen, Bahía de Río de Janeiro, Madre Naturaleza, El ave simurgo, Para un anciano, Mariposa nocturna, Pernambuco, Cuando partió un amigo, De un tríptico, La flor de Clori, El sapo, Apoteosis final, Ojos negros, Lúgubre fantasía, Postal, Anhelo, Metempsicosis, Los leones al acecho. Prosas: Prefacio la novela Annabel Lee de Froylán Turcios, Excelsior, Copo de espuma, Nuestra emancipación, Luciérnagas, Incógnita, Profética, Cántico del amor y del dolor, Lloviendo, Mística, Viendo el río Acelhuate, En el golfo de Fonseca, El Himno de Oriente, Dialogando con el agua, Sol de octubre, La tristeza libro, Sonata del año nuevo, La jira de Julio Flórez, A orillas del Lempa, El dolor de pensar, Desarrollo de la prensa centroamericana, Connubio de víboras, Genus homos, El grillo de la muerte, El beso, El progreso de la ciencia, El niño ciego, Fantoches y marionetas, Mencos, Carlos Serpas, La recompensa Tolstoi, Jeremías Cisneros, La intrusa, El Polo Norte, Por qué se mató Domínguez, En honor del Dr. Adolfo Zúñiga, La niña de la patata, Juan Coronel, Muerte de Dionisio, El estilo, Un año más, Palabras ante la tumba de Manuel Molina Vijil, Un entierro, La Siguanaba, Humo, Natura, El grillo, Ramón Verea, Los Congresos hispanoamericanos, Palique, El Nuevo Mundo, Honduras Literaria, Cartas, Mr. Black, Las olas, A propósito de una elección académica, La rosa, Palique, Morazán y Barrios, El tiempo viejo, Nietzche, La renuncia del escribiente, El chele, El Sultán rojo. (Esta edición fue hecha por Froylán Turcios).

TIERRAS, MARES Y CIELOS. (Poemas). —Colección Bolsillo. N° 1º, Cía. Editora Mundial, México, D. F., 1929. 9 x 10 cms., 138 pp.

(Sobre esta segunda edición hay un comentario del doctor Esteban Guardiola en la "Revista del Archivo y Biblioteca Nacional", 1929, VIII, 4: 191-2. La edición fue realizada por el doctor Ricardo D. Alduvín, ministro de Honduras en México.

TRES PROSAS DE MOLINA. Día de difuntos. La poesía de hoy. Los mediocres. —"Juventud Hondureña", 1° 19 noviembre 1913.

UN ATENTADO INAUDITO. —"Diario de Honduras", 6 y 7 de abril de 1900, Nos. 764-765.

UNA MUERTA. Poema elegíaco. Tipografía Nacional, Tegucigalpa, 1906. ("La Quincena" San Salvador, 1906, VII, 34-7; "Revista del Archivo y Biblioteca Nacionales de Honduras", Tegucigalpa, 1928, VII, 1: 20-25).

UNA PÁGINA INÉDITA DE JUAN RAMON MOLINA. —"Nosotros". PP. 241-242-243.

SOBRE MOLINA

ACUERDO del Comité Juan Ramón Molina para llevar a término los trabajos a la erección de un busto de mármol. —"Ateneo de Honduras", año IV, N° 44: p. 1619. (Firman el acuerdo por su orden: Froylán Turcios, Luis Andrés Zúñiga, Salvador Escalón, Arturo Martínez Galindo, Arturo H. Montes, Edgardo Becerra, Juan E. Galindo).

ALBIR, Francisco José. —Responso. —Juventud Hondureña, 1° de noviembre 1913.

ALVARADO, Miguel T. —Algunos datos para la biografía del excelso poeta Juan Ramón Molina. —Repertorio Hondureño— 15 octubre 1936, p. 5.

AMADOR, Armando C. —Un soneto de Juan Ramón Molina—. "Los Sucesos" 1920, II, 14.

APOLOGÍA DE JUAN RAMÓN MOLINA. —Opiniones y comentarios recopilados por el Dr. Jesús Castro. Tipografía Pérez Estrada, San Pedro Sula, 1936. 246 pp. 8vo.

APOTEOSIS DE JUAN RAMÓN MOLINA. —La juventud organiza subcomités. —"Germinal", 1917, I, 20: 360-61; 21: 379-82; 22: 398-99; 23: 421; 25: 463-65; II, 2: 505-6; 4: 544-5; 6: 584-5 y 7: 600-1.

APOTEOSIS DE JUAN RAMÓN MOLINA. —La prensa nacional pide la traslación de los restos. —"Germinal" 1917, I, 18: 312-14.

ARÉVALO MARTÍNEZ Rafael. —Honduras— "Centro América", Guatemala, 1916, VIII, 543. —Ver "El Laurel de Molina".

AVILÉS, Juan Ramón. —De tierras, mares y cielos. Por Juan Ramón Molina. —"Letras", Managua, 1914, II, 8: 15-17. —Palabras de Juan Ramón Avilés, delegado del Ateneo Nicaragüense en la apoteosis de Molina. "Vida", La Ceiba, 1918, I, 5: 25-6.

BARRIOS, Roberto. — Escritores centroamericanos. Juan Ramón Molina. "Centro América,", Guatemala, 1916, VIII, 271-277. — La literatura en Centro América.". —"Centro-América", "Guatemala", 1915, VII, 44.

BERMÚDEZ, Néstor. —Juan Ramón Molina. Perfiles fugaces del libro "Facetas". — "Revista Tegucigalpa", 24 mayo 1936, N° 489.

BIBLIOTECA "JUAN RAMÓN MOLINA". (Órgano de la sociedad del mismo nombre). Inaugurada en Comayagüela el 12 de octubre 1927. —"Lux", 23 octubre, 1927, 2a época, No 12, p. 9.

BOBADILLA, Perfecto H. —Lecciones de prosodia. —San Pedro Sula, 1934, p. 83-4 y 115-17. (Reproduce "Salutación a los poetas brasileros", "Salutación a los padres de la patria" y "El estilo".

BRITO, Alonso A. —Molina. —En "Musa sentimental", Tegucigalpa, 1919. Tipografía y Fotograbados Nac., p. 91. —Juan Ramón Molina—. —"La Prensa"—, 4 noviembre 1908. No 484.

BUSTILLO Reina. —Incienso de apoteosis. Elegia de Guillermo Bustillo Reina en la glorificación del Maestro. —"Vida", La Ceiba, 1918, I, 5: 26.

BUSTO DE MARMOL de Juan Ramón Molina y una pensión para su madre. —"El Nuevo Tiempo", Tegucigalpa, marzo 1913.

CANALES, Adán. Juan Ramón Molina. —"La Prensa", 5 noviembre 1908, No 485.
—Ver "El Laurel de Molina".

CEJADOR Y FRAUCA, Julio. —Juan Ramón Molina. —En "Historia de la Lengua y Literatura Castellana", por Julio Cejador y Frauca, Madrid, 1920, XIII, p. 181.

CHANEY, J. Williams. —Juan Ramón Molina. —Colorado College Publication, No 35, 1922. (Corina Rodríguez tradujo para "Repertorio Americano", San José de Costa Rica, V: 305-6, 1923).

CHOCANO, José Santos. —El soneto roto. (A Juan Ramón Molina). —"Germinal", 1917, I, 17: 302.

CISNEROS, Jeremías. —Ver "El Laurel de Molina".

COELLO, Adán. —Juan Ramón Molina (Soneto). —"Juventud Hondureña", 1° noviembre 1913.
(Este soneto se publicó con el nombre de "Perfil cesáreo" en "Germinal", 1917, I, 17: 303).

COELLO, Augusto C.-Ver "El Laurel de Molina".

COMITÉ pro Juan Ramón Molina. —"Hispano América", 1° enero 1923, 1, 5: 72.

CONTRERAS, Ricardo. —Ver "El Laurel de Molina".

CONVERSACIONES LITERARIAS. —Juan Ramón Molina. —El Heraldo", Tegucigalpa, mayo 1909.

CRUZ SOLOGAISTOA, José. —Cartas hondureñas. La madre de Molina llora. "Diario del Salvador", San Salvador, abril 1913.
—Estudio escrito para prologar un nuevo libro de versos del poeta. "Ateneo de Honduras", 1915, II, 17: 517-522, 549-53.

—Molina. —"Juventud Hondureña", 1° de noviembre .1913.

DARÍO, Rubén. —Letras centroamericanas. Honduras. —
"Mundial", París. "Centroamérica", Guatemala, 1920, XII, 440. —
Ver "Molina alabado sus contemporáneos".

DE VITIS, Michael A. —Florilegio parnaso americano; selectas composiciones poéticas coleccionadas por… Barcelona Mauci, 1927, 320-27. (Reproduce "El Águila" de Molina).

DE LA ROSA, Leopoldo. —Apoteosis a Juan Ramón Molina. —"Nosotros", marzo, 1918: 236-37.

DISCURSO de don J. Benjamín Osorio, Vicario Capitular, sobre la tumba de Juan Ramón Molina, en el homenaje del 20 de mayo 1934. —"El Cronista", mayo de 1934.

DISCURSO pronunciado por el socio Florentino del Cid, a nombre del Grupo "Alas" sobre la tumba de Juan Ramón Molina, en el homenaje del 20 de mayo 1934. —"El Ciudadano", mayo 1934.

DISCURSO y responso del Canónigo de Gracia don Rafael Moreno Guillén sobre la tumba de Juan Ramón Molina, en el homenaje del 20 de mayo de 1934. —"El Cronista", mayo 21 de 1934.

DURÓN, Rómulo E. —Juan Ramón Molina. —En "Honduras Literaria", Tegucigalpa, II, 677-701. (Después de breve noticia biográfica, reproduce los siguientes poemas: "El Águila", "Al sol", "La muerte del león", "La caída de Luzbel" "Vino tinto", "La ola", "La selva", "El jardín", "La fragua", "Ante espejo", "A una virgen", "Después que muera", "La hora final".

LAUREL DE MOLINA. —"Germinal", 1917, I, 17: 294-300. (Opiniones de Salatiel Rosales, Jerónimo Reina, Augusto C. Coello, Froylán Turcios, Rafael Heliodoro Valle, Paulino Valladares, José Rodríguez Cerna, Luis Andrés Zúñiga, Rafael López, Jeremías Cisneros, Adán Canales, Martínez, Rafael Arévalo Martínez, Roberto Barrios, Ricardo Contreras, Samuel Ruiz Cabañas y José Cruz Sologaistoa).

"EL RENACIMIENTO". Semanal unionista. 1°. noviembre 1914. I, Año 1, N° 31. (Esta edición fue consagrada a Molina. Su contenido: "Autobiografía", "Día de difuntos", "La calavera del loco", "A un

periodista", "Fragmentos", "A Dreyfus", "A Cronje", "A Kruger",
"Postrera súplica", "Íntimas", "Nostalgia", "En la sabana", "La fosa
olvidada", "Adiós a Honduras", "Carta abierta al Dr. Ricardo
Contreras, Director del Diario de Centro América" y versos y prosas
Augusto C. Coello, Adán Coello, Nicasio Gallardo, Adán Canales,
Manuel Escoto, etc.)

EL POETA JUAN RAMÓN MOLINA. (Su retrato). —"La
Quincena". —San Salvador, 1916, VII, entre páginas 136 y 137.

GARCÍA, Fernando. —Ante la tumba de Juan Ramón Molina.
(Soneto). —Ateneo de Honduras", 25 de enero 1926, II época, Nº
55: 2114.

GÓMEZ, Pastor. —A Juan Ramón Molina. —"El Diario", 20
diciembre 1897, año I, Nº 32.

GUILLÉN ZELAYA, Alfonso. —Florecimiento bibliográfico en
Centro América. —"Centro América", Guatemala, 1933, V, 404.

HOMENAJE A JUAN RAMÓN MOLINA. —Grupo Juvenil Pro-
Cultura "Alas". Ver 2El Ciudadano", Nos. abril 24, mayo 12, mayo
19, mayo 21 de 1934. —"El Cronista": mayo9, mayo 10, mayo 11,
mayo 19, mayo 21 de 1934. —"El Liberal Progresista", de
Guatemala, mayo 2 de 1934. —"La Época": abril 24, mayo 10,
mayo 19, mayo 21 de 1934. —"La Columna", de Choluteca, mayo
19 de 1934, "Diario Comercial", de San Pedro Sula, mayo 16 de
1934. —"Celajes", mayo de 1934.

HOMENAJE DEL GRUPO JUVENIL PROCULTURA "ALAS" a
Juan Ramón Molina, nuestro poeta máximo. —Talleres Tipográficos
Nacionales. Tegucigalpa, 1934. 38pp. (Contiene: "Recordación de
Juan Ramón Molina. Su vida rara y su labor excelsa", por José
Rodríguez Cerna; los poemas "Tus manos", "Rio Grande" "En la
sabana" y "La fosa olvidada" de Molina, y tres artículos alusivos de
los señores Augusto C. Coello hijo, Alberto Rodríguez hijo y Víctor
Ceferino Muñoz).

JUAN RAMÓN MOLINA. —"La República", México, diciembre de 1908.

JUAN RAMÓN MOLINA. "Regeneración y Prosperidad" noviembre 1930, N° 5: pp. 75-85. (Contiene retrato de Molina, un artículo de Froylán Turcios, los sonetos ""Otelo" "Desdémona" "Yago", "Postal" "El sapo" y el poema "Tus manos").

JUAN RAMÓN MOLINA. —"Nosotros", 1920, Tip. Nacional, Tegucigalpa. (Contiene retrato de Molina con nota biográfica y frases de Paulino Valladares. "Autobiografía", "Después que muera", "Madre melancolía", "Para un anciano". "Nada es todo", "Pesca de sirenas", "Ofelia", "A una virgen").

JUAN RAMON MOLINA. En "Juan Ramón Molina". 1° de noviembre, 1920, I, 1: 1-8.

"JUAN RAMON MOLINA". —Revista literaria. Directores: Eloy Alfonso Nolasco y Antonio R. Moncada h., año I, N° 1, 1 noviembre 1920.

"JUVENTUD HONDUREÑA". 1 noviembre 1913, N° 14. (Esta edición fue consagrada a Molina).

LA LITERATURA EN CENTRO AMÉRICA. "Centro América", Guatemala, 1915, VII, 44.

LOPEZ, Rafael. "Tierras, mares y cielos". (Carta a Salatiel Rosales, desde México, 30 de agosto 1913). —"Juventud Hondureña", 4 octubre 1913.

LOS RESTOS DEL GRAN JUAN RAMON. —"Vida", La Ceiba, 1918, I, 4: 27.

MEJÍA COLINDRES, Vicente. —En la tumba de Juan Ramón Molina. —"Ateneo de Honduras", 25 enero 1926, N° 55, II época,

2115-17; y en "Lecturas Nacionales", por Miguel Navarro h., Tegucigalpa, pp. 147-53.

MEJÍA DE FERNÁNDEZ, Abigail. —Juan Ramón Molina. —En "Historia de la literatura castellana", Barcelona, 1933,

MIXCO, José C. —Bocetos: Juan Ramón Molina. —"El Diario", 1° enero 1897, año I, N° 68. (Soneto).

MOLINA alabado por sus contemporáneos. "Juventud Hondureña", 1° de noviembre 1913. (Opiniones de Rubén Darío, Froylán Turcios, José Rodríguez Cerna, Luis Andrés Zúñiga y Salatiel Rosales).

MOLINA EN HONDURAS. —"Vida", La Ceiba, 1918, I, 5: 24.

MOLINA LARIOS, Felipe. —Juan Ramón Molina juzgado en Norteamérica. "Diario de Costa Rica", San José, 2 de junio 1922.

MONTES, Arturo Humberto. —Fragmento de un estudio sobre la obra de Juan Ramón Molina.. "Lux" 4 septiembre 1927. 2° época, N° 5.

NAVARRO hijo, Miguel. —Lecturas Nacionales". Tegucigalpa, 1931, pp. 117-36 y 223-24.
(Reproduce: "Autobiografía", "Rio Grande", "Tus manos", "Pesca de sirenas", "Mística" y "La niña de la patata").

PALABRAS de Juan Ramón Avilés, Delegado del Ateneo Nicaragüense en la apoteosis de Molina. —"Vida", La Ceiba, 1918, I. 5: 15-6.

PANIAGUA PRADO, Ramón. —"Renacimiento", Amapala, abril de 1918, año I, N° 4: 3.

"REPERTORIO DE HONDURAS". —Revista quincenal). Director: Salvador Turcios hijo. Año I, N° 7. (Este número fue consagrado a Molina. Su contenido: MOLINA por Salvador Turcios h., "Discurso ante el monumento de Justo Rufino Barrios", "El corneta", "El águila", "Pesca de sirenas", "Madre melancolía"; "Algunos datos para la biografía de Juan Ramón Molina", por Miguel T. Alvarado; "Juan Ramón Molina anecdótico", por Flavio Guillén; "Juan Ramón Molina", por Hernán Rosales y "El soneto roto" por José Santos Chocano).

REINA, Jerónimo J. —Ver "El Laurel de Molina".

RIBAS, Mario. —Discurso pronunciado en nombre del Subcomité Molina de aquel puerto, a la llegada de los restos. — "Renacimiento", Amapala, abril de 1918, año I, N° 4, p. 1-2.

RODRIGO DE NARVÁEZ (Paulino Valladares). —Juan Ramón Molina. "La Prensa", 3 noviembre 1908, No 483. (Reproducción de "La Estrella" de Granada, Nicaragua. Diciembre de 1905).

RODRÍGUEZ CERNA, José. —Recordación de Juan Ramón Molina. Su vida rara y su labor excelsa. —En "Homenaje del Grupo Juvenil Pro Cultura Alas a Juan Ramón Molina, poeta máximo", Tegucigalpa, pp. 9-12; y en "El Imparcial" Guatemala, 15 agosto 1933. —Ver "Molina alabado por sus contemporáneos". —Ver "El Laurel de Molina"-

ROSALES, Salatiel. La estatua de Molina. —"El Nuevo Tiempo", 26 abril 1913. —Poetas de Centro América. Juan Ramón Molina. — "Revista de Revistas", México, XIII: 35-6, 1922.

ROSALES, Salatiel. —Ver "Molina alabado por sus contemporáneos".

ROSALES, Salatiel: Ver "El Laurel de Molina".

RUIZ CABAÑAS, Samuel.-Ver "El Laurel de Molina."

SOTO, Joaquín. —Molina (Poema). —Juventud Hondureña", 18 octubre 1913.

STARR, Frederick. —Central America; readings in prose poetry
from Central American writers. Chicago, New York. B. H. Sanborn
& Company, 1930, pp. 223-240. (Reproduce el poema de Molina en
gloria de José Trinidad Reyes y dos fragmentos sobre Jeremías
Cisneros y A. Salazar).

TURCIOS, Froylán. —Juan Ramón Molina. —En "Páginas de
ayer", París, 1932, pp. 20-6.
—"Una muerta". Esfinge," 1906, I, 3:33. —Ver "Molina alabado por
sus contemporáneos".

TURCIOS hijo, Salvador. —Molina. —"Repertorio de Honduras",
Tegucigalpa, año I, N° 7, p. 1.

TURCIOS R., Salvador. —Añorando la vida de un poeta. En la
intimidad de Juan Ramón Molina. —2Alma América", 1 noviembre
1925, 1, 4: 3-4.

VALLADARES, Alejandro. —A un poeta, Juan Ramón Molina. —
"Los Cantos de la Fragua", Madrid 1933, pp. 101-4.

VALLADARES, Paulino. —Ver "Rodrigo de Narváez". —Ver "El
Laurel de Molina".

VALLE, Rafael Heliodoro. —(Comentario sobre Molina en las
selecciones de poemas titulados "El ánfora sedienta"). —El
Universal Ilustrado", México, 19 enero 1922, p. 8.
—Conversaciones literarias. Juan Ramón Molina. —"El Heraldo",
mayo 1909. —Doña Juana de Molina. —"Actualidades", San
Salvador, 1915, 1, 3:35-7. —Juan Ramón Molina. —"La
República", México, diciembre 1908. —Molina. (Soneto). —En
"Ánfora sedienta", México, 1922, p. 69. (También en "Esfinge",
1916, N° 22:240). — Por el alma de Molina. —En "Como la luz del
día", 1913, pp. 13-14.

ZEPEDA, Jorge F. —Psalmos de gloria. A Juan Ramón Molina.-Del libro "Ritmos y colores de la tierruca", PP. 80-82. (1908).

ZUNIGA, Luis Andrés. —Juan Ramón Molina. —"La Prensa", 3 noviembre 1908, Nº 483. —Ver "Molina alabado por sus contemporáneos".

ICONOGRAFÍA

1906. —(Su retrato). El poeta Juan Ramón Molina. —"La Quincena", San Salvador, VII, entre pp. 136-137.

1913. — (Retrato). —"Juventud Hondureña", 1º noviembre.

1914. — "El Renacimiento", 19 noviembre, Año I, Nº 31, p. 1.

1917. —"Germinal", 4 noviembre, Vol. I, Nº 17: p. 293.

1920. —(Retrato). —"Los Sucesos", II, II. (Dibujo de Augusto Monterroso).

1927. —Sello oficial postal de Honduras (su retrato). Emisión durante la Administración Paz Baraona y revalidada en 1930 durante la del Dr. Mejía Colindres.

1928. — "Lux" (Fotograbado de Molina y Dr. Julián López Pineda). 5 febrero, 1928; 27; 12.

1930. —Regeneración y Prosperidad", noviembre, año I, Nº. 5: p. 77.

1933. —"El Imparcial", Guatemala, agosto 15 (edición especial).

1936. —"Revista la Escuela Normal de Señoritas", septiembre, año II, Nº 6: p.13.
.

1936. —"Repertorio de Honduras", 15 de octubre; año I, Nº 7: p.11.

ENRIQUE GALINDO, MÁGICO ILUSTRADOR

Por el poeta José González

Cuando Ismael Zelaya fundó en 1934, la editorial y librería "Signos" no sabía que estaba creando una nueva forma de editar libros en Honduras. En su mente bullía la idea de crear un libro total, es decir, que a la palabra se uniera la imagen para reforzar el contenido y el mensaje del mismo.

Para la intuición editorial estaba él; para la idea artística estaba Enrique Galindo. El primer libro de la naciente empresa fue "Signos", libro que recogía póstumamente la obra poética de Marco Antonio Ponce, cuya vida fue brutalmente cegada una noche aciaga de 1932.

Pacientemente, Zelaya amigo del infortunado vate, fue recogiendo la obra dispersa de éste, hasta conformar con ella un volumen representativo. Enrique Galindo, nacido en Comayagüela el 25 de noviembre de 1897, compuso para este libro un sinnúmero de delicados dibujos.

Según Dagoberto Posadas, conocido crítico de Artes Plásticas, en los dibujos de Galindo se puede apreciar "Un perfecto delineamiento cuya obra emana fundamentalmente de una profunda visión cultural arraigada en el romanticismo y la mitología universal". Fueron sus padres Wenceslao Galindo y doña Juana Rosa Galindo. Uno de sus hermanos, sería el notable maestro de generaciones, Bernardo Galindo y Galindo.

En "Signos", cada dibujo va acompañado de una delicada hoja de papel transparente lo que le da al libro, una finura editorial nunca antes vista.

El segundo proyecto editorial de ambos fue el de editar "Tierras, Mares y Cielos", obra también póstuma del gran Juan Ramón Molina.

Esta edición representó la tercera que se hacía de la obra de Molina y se realizó en Tegucigalpa en el año de 1937 en los talleres de la imprenta Calderón. A esta edición, dedicada también como la segunda a la poesía Moliniana, Zelaya le agrega un prólogo del poeta mexicano Enrique González Martínez y un estudio bibliográfico de R.H. Valle. Como si lo anterior no fuera mucho, le agrega 19 dibujos de Enrique Galindo. Aquí Galindo sujeta su imaginación y su destreza a corporizar, mediante el dibujo, la idea general del poema guiado siempre por el título de los mismos. Memorables son, para nuestro gusto, los dibujos dedicados a los poemas "Madre Melancolía", "Mariposa Nocturna", "Metempsicosis", "Nada es Todo" y el singular, por nostálgico "Los Ojos de los Niños".

El tercer libro de la editorial "Signos" fue "Sombra" de Arturo Martínez Galindo, también publicado en forma póstuma.

Este libro no fue ilustrado como otros; probablemente a estas alturas, 1940, ya la sociedad de Zelaya y Galindo estaba disuelta o tal vez este último había salido del país.

Galindo no era un novato en lo referente a las ilustraciones. En 1917 y en Tegucigalpa sustituye a Augusto Monterroso como director Artístico de la revista "La Semana", misma que fuera fundada el 5 de noviembre de 1916 por Matías Oviedo y Céleo Dávila. Además de los detalles de la diagramación, Galindo elaboraba la portada ya sea con una caricatura o un dibujo. Mas tarde Galindo pasaría a "Nosotros", revista quincenal ilustrada que fundaran el 20 de mayo de 1920, Lucas Paredes y Mauro Aguilar. En "Nosotros" Galindo trabajaría en el honroso cargo de Director Artístico.

Para 1922, Galindo parte de México, gozando de una beca de estudio y donde desde el abrigo acogedor de los grandes maestros mexicanos, termina de formarse artísticamente. Su regreso al solar patrio será 10 años más tarde, en enero de 1932. No llega derrotado; al contrario, viene como delegado de la Secretaría de Educación de México, para, según sus propias palabras, "dar a conocer la forma en que en México se hace llegar la luz (Educación) a los más apartados rincones valiéndose de las artes populares". En efecto, lo popular en el arte ha calado hondo en el hondureño a tal grado de volverse, entre sus coterráneos, publicista del mismo.

Con ahínco y fervor, Galindo enseña a maestros capitalinos, sus sujetos de prédica, los hilados populares de Querétaro y las bolsas de Palma de Toluca. Los juguetes de vidrio de Guerrero; los vasos de barro de Tonalá; la loza de Puebla, etcétera.

Ha traído consigo también parte de su obra pictórica entre la que sobresale, "El Agrarista", obra hecha en México de claro tinte social.

Visitación Padilla, que ha logrado entrevistar a Galindo, lo describe como "Un joven de mediana estatura, color trigueño, complexión robusta, rasgos faciales prominentes que completan una cabellera de mulato, rebelde en absoluto a proteger una frente libre.

El taller y la exposición de Galindo a su regreso a Honduras se inauguró el 11 de enero de 1932 en el entonces Kindergarten "Concepción Amador" de Comayagüela. Posteriormente viajaría a San Pedro Sula, donde montaría iguales eventos en la entonces escuela "Minerva".

Una caricatura del ilustre visitante engalanaría la portada de "Alma América" revista capitalina de moda por entonces.

Mas tarde, Galindo ilustraría la portada del libro "Brotes Hondos" de Claudio Barrera, editado en Tegucigalpa en 1942.

Tal dibujo simboliza el afamado poema de Barrera "La Doble Canción": dos hombres de perfil a medio cuerpo, en cuyas manos sostienen la luz y una semilla brotada en planta.

Barrera volvería a utilizar dibujos de Galindo al publicar en 1950, el tomo de su poesía completa. Las 4 tintas de Galindo en este libro, se unirán a las 2 de otro joven veinteañero que entraría también al mundo de la plástica ilustrando libros: Miguel Ángel Ruíz Matute.

Enrique Galindo moriría el 4 de julio de 1957, en Monterrey, México, sin poder volver, una vez más, a su amado terruño.

ÍNDICE